Eine kleine Geschichte der großen Gedanken
Wie die Philosophie unsere Welt erfand

街角遇見哲學

從 ABC 到 DNA 生活中 35 個改變現實的偉大思想

馬丁·勃克哈特 Martin Burckhardt 著
尤克·胡斯曼 Jörg Hülsmann 插畫
麥德文 譯

遠流

推薦序

蒲世豪

接到本書的推薦樣本，原本只想看個一兩眼，卻不知不覺就翻了一百多頁，這是本非常有趣的書。作者馬丁·勃克哈特（Martin Burckhardt）為真博雅之士，論理舉重若輕，讀來輕鬆，寫來可真不易，許多分析鞭辟入裡，不少看法慧眼獨具。這是本輕鬆易讀又充滿了靈魂力量的小書。

本書的主題是哲學中的各種「觀點」，哲學喜歡研究不同的觀點。失意文人看什麼都覺得失意，憤世嫉俗者對世界的不滿往往來自於「自己」，把對自己處境的不滿帶進一切，這些判斷都是「觀點」的結果。不過前兩個例子都是與「情緒」相聯的觀點，哲學研究的通常是「理性」的觀點。

理性的觀點更具知識或文明啟發性。比方說，伽利略認為自然是一本用數學寫成的書，一切變化背後都有數學規律，這啟發了十六世紀自然科學，讓人們一直受益至今。美國革命中人生而平等也是重要的觀點，它追求組織社會的公平，也讓社會組織從根本上更為穩定。

費曼曾說如果有天人類文明要毀滅，只能留下一句話給後代，那句話會是「所有的東西都是由很小的東西構成的。」只要有這一句話背後的觀點，人類就能透過時間的累積重建科學文明。理性觀點是種思考方向，好的思考方向能增進知識與文明，缺乏思考方向感的人陷於迷途與盲目，無形中限制了人的發展。

本書正是以各種不同的觀念、器具發明、歷史事件或思考習慣帶出那些影響重大，真正聰明的觀點。這裡展現的不是學者的炫技，而是簡單的、清新的、深具啟發性的思想。正如作者在序中所言：「偉大思想的小書如果回答問題，那麼一定不是哲學書上出現的問題，而是孩子會提出的問題。錢從哪裡來？那是什麼？為什麼是這樣？這些問題之所以被提出，因為它們是我們生活的一部分，因為我們不管站在哪裡，去到哪裡，不可避免地都要面對這些問題。」

本書能帶給你的精神力量與思想自由是絕少見的，中文翻譯流暢又易讀，間次插畫詼諧而悅目，太多理由讓我向讀者推薦它。

【撰文者簡介】

蒲世豪，臺大哲學研究所博士，臺灣師範大學、輔仁大學兼任助理教授，現任兒童哲學教師。著有《豪哥的哲學課》、《哲學很有事》系列兒童哲學教材。

譯者序

如果您正翻閱這本書，可能會下意識地想把這本書加以分類，看看目錄可能會劃歸歷史類，但是要劃入哲學史還是文化史呢？或許您更有除以上兩者的其他想法。那麼究竟這是本什麼樣的書呢？好問題，所以不容易回答，尤其這本書其實頗「跳 ton」，所以難回答。

按照作者的說法和原文書名（哲學如何發明世界），這應該是本哲學史，只是作者又把諸多偉大哲學家及其著作排除在外，既沒有鉅細靡遺地介紹特定哲學家，也不用任何哲學參考文獻，沒有任何註釋，頂多在正文下方加上一小段引人遐想的相關歷史，卻未使本書坐實「哲學史」的名義。那麼如果把這本書當思想史來讀呢？擺脫「哲學史」這個框架，不再期待讀到一本哲學小百科，的確更能自由輕鬆地翻閱這本書，讀起來比較有意思，但是本書真的是「名符其實」的思想史嗎？淘氣的作者可也沒打算把某種思想娓娓道來，按照思想發展說明何者承先，何者啟後。

雖然作者宣稱按照歷史先後安排章節，但是幾經思量不得不讓人大膽假設：作者根本不想寫本中規中矩的「史」書吧！本書的主旨的確在探索那些「出現在街角」但是又早已被我們忘卻所以的思想，為了讓這些被刻意或無意「掩蓋」的發展歷程重新浮現，作者採取的方式也就比較特別。因為這些思想的發展歷程變得隱諱，有時以現代眼光看來甚至有些莫名其妙，如果還是依循傳統思想史的寫法，那麼也就無法凸顯分明存在但呈現斷裂的思想關連，進而刺激思考。

就拿字母來說好了，西方人讀了這章可能也會說：「哇，我從來沒想過ＡＢＣ原本各有意義，現在看起來都只剩下符號作用了呢！」再舉個例子：電腦，當我們回想電腦的發展，我們可能會想到蘋果和微軟，有些人還能回想到0與1，甚至最基礎的Dos程式，但是有多少人知道電腦和一八〇四年發明的織布機孔卡之間的關連呢？然而孔卡還不足以成就今日的電腦，還需要先有「０」的概念，才有布爾代數，才有0與1，才有今日的電腦，以及所有套用相關概念的發明。從電腦還可以聯想到資訊，要想理解今日資訊流通何以能這般快速，就不能不先知道「同步」概念居然因為六百名僧侶在平原上同時觸電而誕生——一七四六年就進行的實驗。

這些歷史事件的確相互關連，助長特定思想成形，卻又被歷史洪流淹沒，不再被我們認知，只以最不起眼的形態「出現在街角」。當作者重新撿拾、敘述這些已散落的思想歷史關連，就不免挑戰我們所認知的世界，質疑羅織這個世界的歷史和思想脈絡，讓我們對這個世界「另眼相看」，重新加以思考。這些不期然甚至有些突兀的關連不僅出現在個別篇章之中，也存在於篇章之間，閱讀時一旦覺得哪裡「怪怪的」，那麼恭喜您，您看到關鍵點了。現在我們可以回想一下哲學史：蘇格拉底當年在雅典的廣場上，以各種問題惹惱雅典人，逼得對方不得不深思習以為常的事物——作者寫這本書的方式其實很蘇格拉底呢！因此我個人認為這本書的價值不只在於說了很多精彩的思想發展故事，更因為作者搞怪所提供的思考刺激。

最後說說這些故事給我的最大感觸：我也曾自問這些思想到底重不重要，於是我想像如果這一切都沒有發生，如果沒有這些隱而不彰的思想片段——今日世界還會存在嗎？每每思及人類文明種種最初始的那一刻，總是讓我感到那麼不可思議！

街角遇見哲學

從 ABC 到 DNA，生活中 35 個改變現實的偉大思想

Eine kleine Geschichte der großen Gedanken. Wie die Philosophie unsere Welt erfand

馬丁・勃克哈特（Martin Burckhardt）著
尤克・胡斯曼（Jörg Hülsmann）插畫
麥德文 譯

目錄

前言

香水，毛衣，挑逗祕訣手冊還是導航系統——這些是**真的**有用的東西。但是哲學？真的需要知道已逝的思想家曾有過什麼想法嗎？幾乎沒有人記得他們的名字。因為毫無疑問，一走進圖書館就先揚起一陣灰塵，更別提那些早已從地平面消失的所有思想碎片，必須自行挖掘，正如某個偉大的思想家恰如其分所點出，這是一座**精神顱塚**。

不，如果我們想要什麼，我們立刻就要。因為不是為了後世，我們重視的只有眼前這一刻：現在和此處。另一方面，我們想像夢想成

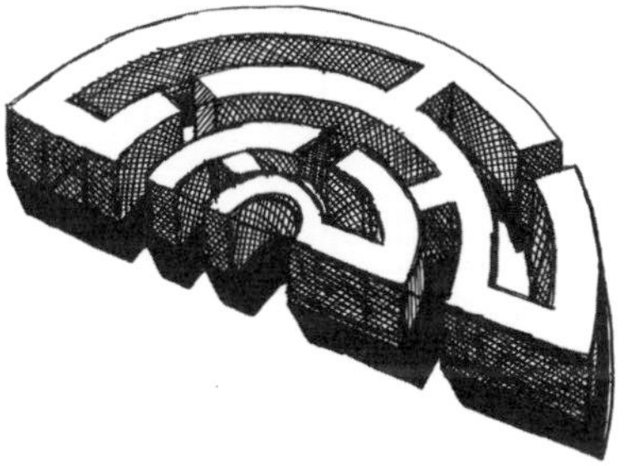

真，聚光燈完全投射在我們，不，完全在我身上，只在我身上——然後呢？我能拿來款待讀者的偉大思想會怎樣？這個問題讓我想到奧勃利（Obelix）[1]，他真的只知道效益經過驗證的東西（立石、羅馬人及美食）。奧勃利要登台演戲，因為那是齣時尚劇，最主要的目的就是嚇唬觀眾，導演說：「隨便說什麼，說你想說的就好了！」但是這個要求讓他非常不安，可憐的傢伙苦苦思索好幾天（「給觀眾的訊息，什麼訊息？」），當他站上舞台，他的臉色一陣綠，一陣紅，一陣黃，難看得很——然後說出他此刻唯一想得到的句子：「羅馬人瘋了。」這就是奧勃利哲學一言以蔽之。

大部分的人和哲學所維持的關係，就和奧勃利與他所要傳達的**訊息**之間的關係完全一樣。我們站在鏡子前面，或是塗麵包的時候，哲學不會造成任何干擾，直到人們不期然地站在聚光燈下，應該說些**有意義**的話之際，哲學才冒出來。哲學變成問題，讓我們額頭冒汗，口乾舌燥。以為訊息會昇華成更高意義是最大的錯誤，因為哲學的偉大想法從來就在我們的生活裡面，而且我們壓根就沒有意識到它的存在。好比說，是誰把孩子趕進學校裡，逼他們學一些沒用的東西？十二歲的孩子背著巨大的書包，匆忙走進冰冷的學校，好在那裡背出語詞變化，這是自然法則嗎？不！學校也只是個被應用的想法，出於每個人應該接受教育的想像（並且出於謎般的因素，這個想法被貫徹到底，認為語詞變化是個教出有用律師的適當方式）。仔細一看就會發現，許多我們認為理所當然的事只因我們的想像而存在——說得更仔細一點，它們之所以存在，只是因為我們相信。

為了簡化說明，就拿我的出版社在我鼻子前搖晃的鈔票來說好了。那當然是錢（而且誘人的是：還有更多），但是紙鈔和這一張書

1　法國漫畫《高盧英雄傳》主角之一。（本書註釋皆為譯者註）

頁的差別只在於，我們所有的人都**相信**那不只是一張印刷過的紙。這份信賴一旦動搖，鈔票就變回它的物質面：一張印刷過的紙，只是這樣而已。我們很清楚有些時代喪失對貨幣的信賴：例如極度通貨膨脹下的德國（一九二三年），需要用推車才能運送沒有價值的紙鈔去購物。在這種時刻就會了解，研究一下哲學畢竟有其重要性。因為只有我們共同想像些什麼，它才真的存在——直到某人說出國王沒穿衣服為止。

但是除了童話以外，我們何曾看過沒穿衣服的國王？哲學的藝術就在其中。其一，哲學不少部分在於把一些什麼變不見。和四處招搖的國王相反，思想穿了隱形斗篷——不僅讓思想隱形，甚至讓人不知道自己正有所思，這正是思想的力量。這本書要說的就是這個力量的故事：很多我們自然而然想到的事並不是原本就如此，而是有其開端的。

說到這裡又得要問：為何我必須知道什麼東西從哪來？拉上拉鍊的時候，我必須知道誰發明拉鍊嗎？不，絕對沒必要。因為拉鍊很容易就能了解，而且據我所知，未曾有人說起拉鍊的隱藏力量。**小差別**就在於：相對於一清二楚的東西好比拉鍊，思想之所以能對我們施展力量，乃是因為思想只存在我們的想像之中。事實上的確沒有比我們的想像更強大的力量。「這**只是想像**」，說這種話似乎認為它只是無關緊要的東西，一被點醒就會灰飛湮滅。千萬別這樣，把想像當回事可聰明得多了。

我們再看一下學校這個例子，把它看成建構完整的想像，從這個想像可看出，整個構造基本上環繞單一想法而建立，亦即對教育的想法，卻沒有人能精準說出，這個想法究竟由什麼組成。我們看到外觀，外部的遮蔽，但是我們看不到裡面有什麼。原則上有人會說：「古代希臘人就已經知道……」一旦進一步審視教育的開端，就會領悟有個作家曾說過的：「越貼近看一個字，它看起來就越遙遠。」[2]好比 gymnos 這個字，西方的 Gymnasium（高中）就是從這個字演變而來，它原來卻是「裸裎」的意思，我們不得不推斷，古代重視體格鍛鍊勝於文法。但又是怎樣的裸裎呢？和我們的教育又有何關係？

對於國王的新衣的質疑，這時也要延伸到高中生，或說對所有可想像、人一生中無法避免的鬼魅：例如國庫或是演化。當然可以認定這是現實，或者更加強調，這是**自然事實**，不過要加上一句，我們之所以會經歷這些事情，因為我們被教導去相信它們。記得我兒子好像四歲或五歲，反正就是還沒就學的時候，他和我一起躺在地板上玩。我正向他解釋，達爾文著手寫下演化論的時候在想什麼——以及人類以前曾是猿猴。但是我一邊說，一邊注意到他的小臉皺起眉頭。「有件事我不懂，爸爸——為什麼還有猴子呢？」

一旦得知偉大的思想如何形成，就會感到神奇，並且想著：醜小鴨怎麼會變天鵝，思想侏儒怎會變得如此偉大呢？換個角度想，這個看法令人欣慰，因為它畢竟讓我們知道，巨人也要從小開始長大，思想不是一開始就偉大而是變得偉大。但是思想如何變得偉大？如何從一群赤裸的學生變成社會的根本機構，其他思想卻從我們的視野消失得無影無蹤（好比亞里斯多德深信精子在男人的腦子裡形成）？

隨著這個問題，我們面臨一個棘手的難題——為什麼這本書不談思想家，而是偉大的思想呢？這個問題讓我們回到出發點——也就是那個問題：我們真的必須知道已經死去，連名字都沒人記得的思想家曾經想出些什麼嗎？答案是毫無懸念的**不**！但是另一方面，有許多思想即使已經超過兩千年，在我們生活裡依舊隨處可見。就是這些鬼魅，這些回魂者，我將之稱為**偉大思想**。現在，精明還是挑剌的讀者

2 語出卡爾．克勞斯（Karl Kraus）出版的諷刺雜誌《火炬》（*Die Fackel*, 1911），第三二六期，頁四四。

可能抱怨，我們還是又回到哲學啊！可不是這樣，我會這麼回答。思想一旦產生效力，它大部分不會出現在哲學書裡，而是就在下一個轉角，好比以警察的樣貌——之所以叫做警察（Polizist）是因為過去曾有城邦（Polis）。研究偉大思想的歷史，就會面臨其中許多原創者不明的狀況，因此我們需要研究**沒有思想家的事物**。只要借用上文提過的問題，一張印了東西的紙怎麼變成紙鈔，也就是整個社會何以會有這樣的信仰，認為印刷上去的符號真的能呈現出價值。若說這已是種革命性發展，那麼這種信仰的後果還更強勁，因為這種信仰又引發其他後果，也就是錢的價值隨著時間和利息應該會增加。那麼哲學一定會教我們，孩子們發問而想知道的事嘍？才不，完全相反！一旦提到錢的問題，一定會有那麼一些思想家努力地想把這惱人的事丟到天外去——好比宣稱利息是死罪的哲學家，聲言符號畢竟不是動物，因此不會有後代。

偉大思想的小書如果回答問題，那麼一定不是哲學書上出現的問題，而是孩子會提出的問題。錢從哪裡來？那是什麼？為什麼是這樣？這些問題之所以被提出，因為它們是我們生活的一部分，因為我們不管站在哪裡，去到哪裡，不可避免地都要面對這些問題。出於這個因素，這本小書就是想成為某種導航系統。因此，接下來要以歷史順序有條不紊地介紹偉大而且改變現實的思想。讀者如果願意，可以按照這個順序讀下去，從古希臘到我們現代；但是讀者也可以規劃自己的旅程，穿越偉大思想的歷史，享受地一下子讀這篇，一下子讀那篇，隨便翻開一頁就讀，這是脾性問題。只要最後理解，這本小書根本不是要和所謂有用的東西競爭，只是人們其實會想要的東西，香水、導航系統、挑逗手冊，這樣就夠美好了。更美好的是，不只理解思想精神的益處，甚至深信思想才是真正的奢侈品：思想精神超酷的！

ABC
從象形意義到符號作用

在序言之後，這本偉大思想的小書沒有以思想家開頭，而是以沒有原創者的產物——字母——開展就不足為奇。字母根本就是最成功的思想之一，但是它們究竟從何而來，大家都沒概念，更別提怎麼被想出來。於是我們既沒有**思想之父**，也不能按圖索驥，只是非常怪異地感覺沒有頭緒。聽起來也許很奇特，卻並非個案，反而點出最偉大思想的特徵。它們突然出現，我們就是不知道誰讓它們降生在這個世界上，連我們所認定的字母發明者希臘人都承認，他們借用了腓尼基

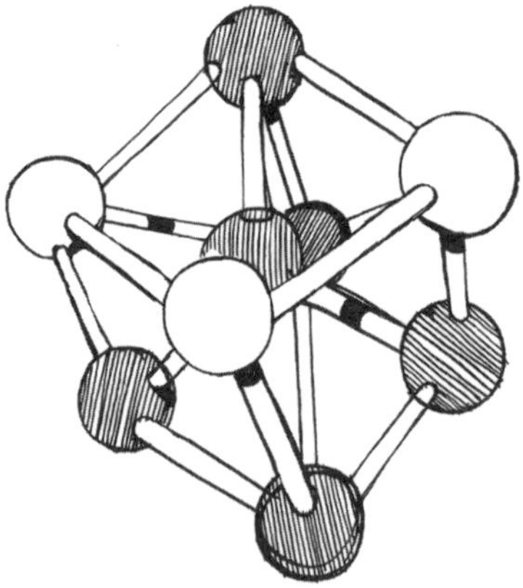

約西元前 1500 年　這個時代已經出現字母符號，但是具有完全不同的意義，也就是象形意義。

人的字母。除了這個說法之外，其他一切不明。因為此時我們迷失在上古研究學家稱為**黑暗時期**的時代裡（大約西元前一三〇〇～八〇〇年），這個時代的特徵是民族遷徙、戰爭和瘟疫——直到今日還讓人聯想到神話以及特洛伊這個名字。

由此看來，字母（Alphabet）不按照思想之父而命名，反而以它最先出現的兩個字母稱之，其實頗符合其特徵：Alpha（A／α）及Beta（B）。我們或許幾乎傾向於將之視為兩種異形生物，兩種宇宙智慧，突然來到這個世界（有個作家曾宣稱：「語言是來自外太空的病毒」[1]）。其實根本不是這回事，我們於是觸及謎題的核心，因為A和B，在它們代表發音A及B之前，有其他意義。如果把字母A倒過來，把它看作一幅圖，還可以看出這層意義：可以看到一顆頭有

1 語出威廉・柏勒斯（William S. Burroughs）的小說《爆炸的車票》（*The Ticket That Exploded*）。

約西元前 800 年　荷馬撰寫《奧狄賽》，但是不應將之視為單一作家的發想，而是一種集體敘述，因為荷馬而有了「作者」之名。

兩隻犄角——難怪這個圖形符號代表「戴著軛的公牛」。不僅字母A，其他所有字母都曾有這類象形意義。好比符號B不僅代表腿或房子，也指稱（從B的形狀還看得出來）女性的胸部。從字母Γ（讀音Gamma）變形成德文字母C，我們看到描繪男女結合的圖形：婚禮（gamy，由Gamma演變而來），其實還指稱一切與結合相關的面向，好比合作、同居及交合。把這些意義套用到現代，字母A不只代表上軛的公牛，也代表繁衍（所謂阿爾法α男性），就不難理解我們微小的ABC代表的正是家族的期望，描繪出父、母、後代。

以符號指稱圖像的世界總是和符號的評價高低脫不了關係（直到今日，中文字如果加上輕視的犬字邊，就有貶低之意）。但是發音符號除了代表發音並沒有其他意義（在邏輯學裡甚至根本沒有任何意義），於是冒出一個點子，好把符號任意調換，也就是所有的字母都平等，那麼就可以唬弄他人，或者如代數宣稱的A＝B。字母的史前

西元前621年　德拉孔（Drakon）將雅典人的不成文法奠定為成文法（當然，即使最小的犯罪行為也只有一種刑罰：死刑）。我們所稱的法治國家原本是成文法、正字法之意。

故事或許黑暗，它的結果卻因此更加燦爛。我們想像一下，假設我們是華人小孩，那就必須熟悉六萬個文字符號，我們之中沒有任何人可在有生之年宣稱自己成為文字大師。但是如果能把符號世界侷限在二十四個元素之中，那可就簡單多了！每個人突然間都自覺是文字大師。如此看來，希臘人的字母化運動同時也是某種民主化運動，因為這時不只祭司能擁有這些知識。西元前八世紀，字母已經非常流通，不只富有的希臘人能運用，幾乎所有民眾階層都能閱讀。

這時可能會提問：字母是種思想嗎？我會說：*毋庸置疑*。我們就拿希臘文 stoichos 為例，這個字就是字母的意思，但是這還不是它全部的意思，它還有元素（Element）的意思，正如大家所知，哲學正是從探索組成自然的元素展開。所以人們推測大自然就像字母一樣運作，只以有限的基本元素組成。泰利斯（Thales, c. 624-546 B.C.）被視為最初的哲學家之一，宣稱一切都由水組成，其他哲學家則宣稱源

西元前 480 年　巴門尼德（Parmenides）撰寫《論自然》（*Über die Natur*），將存在描述成無法改變、未經創造也無法摧毀（其實就是永恆論）。

頭是土或空氣。隨著時間和辯論推演，詮釋越來越複雜，把空氣說套用在無限的大自然，偉大的自然哲學家德謨克利特（Demokrit, 460-371 B.C.）則發表原子學說。上述思想的共通點是他們把字母邏輯用來詮釋大自然，自然哲學家從字母學到探索元素有其意義，甚至可以說，大自然裡的個別元素和活性物質彼此相連，根本就像單字裡的個別字母相連。不言可喻，大自然已經不再被認為充斥著鬼魂與惡魔，不是大地之神和噴火龍生活之處，而是種物質邏輯。正如字母Ａ抹消公牛的意象，以字母邏輯所理解的大自然也抹消了古老神祇。

不僅對大自然的觀點改變，社會也因為字母而歷經深刻轉化。律法首度以文字形式呈現——結果是就連立法者也必須服膺法條文字（嚴格限制暴君獨裁）。除此之外，隨著成文法也建立了新的主宰：司法。早期社會只知血債血還，自此時起，罪犯所受的懲罰須根據**法典文字**。

鑑於這種效力，哲學家們總是讓哲學規則盡量迴避此一基本條件，甚至嘗試隱藏文字的問題，實在令人驚訝。好比蘇格拉底（469-399 B.C.）總是不遺餘力地批判文字可信度，與此同時卻洩漏出文字對他有多重要，為了讓學生遠離此一惡習，他對抗的方式偏偏是嘗試把文字變成**活生生的書籍**。幾乎可說：字母是哲學的隱藏謎題，是哲學藏在地窖裡的屍體。一旦認清哲學因字母而獲益，就完全可理解何以如此。因為唯有符號，以其圖像克服死亡，才能喚醒永恆的幻象——似乎始終如是的幻象。所謂哲學的奇蹟正取決於「始終如是」：發現「存在」，它被哲學家巴門尼德（Parmenides）於西元前五世紀初描述成無法摧毀、無法改變、未經創造的整體。

西元前 400 年起　留基伯（Leukipp）及德謨克利特發展出原子論（Atomismus），根據這個學說，宇宙乃是由極小分子所組成。這些小分子相當於巴門尼德所說的存在：它們被設想成無盡、堅硬、不會改變而且永恆。

錢幣

從烤肉叉開始……

除了字母之外，古希臘留給後世的第二大創新是錢幣：也就是印壓了面值的錢幣。當然，人類歷史當中長久以來都有兌換用品，可能是貴金屬，或是貝殼。錢幣新穎之處在於其價值不再取決於錢幣裡的金屬含量或是製造物質，而是根據幣面呈顯的數值。一旦把這個創新之舉和字母相提並論，就能看出其中發生同樣的過程：就像字母的讀音符號和圖像分離，幣值也擺脫錢幣物質。正如字母讓社會發生巨變，這種錢幣的散播也使思想方式產生變革。希臘人也絕非未曾注意

西元前 776 年　奧林匹克競賽定期舉行，符合慶典的宗教色彩，勝利者首先以一塊特別的牲禮嘉獎，之後獲得象徵性的贊禮，好比桂冠之類。無論如何，把從前的運動選手想成「專業」有其意義。

這個裂縫，他們稱發明這個度量之前的時期為神話時期，之後為歷史時期，這般區分並非徒然。據稱頗富盛名的阿哥斯國王斐頓（Pheidon von Argos）促成此一轉變（西元前七四七年），因為他制定錢幣和度量。這個時間應該相當正確，因為在這不久前寫下的《奧狄賽》裡找不到任何有關錢幣的線索。

但是錢幣從哪裡來？詢問當代的經濟學家，如果對過往缺乏進一步的認識，他們會說，可能出於實際考量而發明這樣的錢幣。奇妙的是，情況並非如此。出現錢幣的地方是希臘神廟，或是更精確一些：是希臘人敬拜國家之神的神廟。因為希臘人基本上以牛為價值度量（好比四隻牛的價值，十二隻牛的價值），牛因此成為最高級的牲禮並不足為奇，端視獻祭者對神祇的請求，各有不同的奉獻標準。國家慶典宰殺數百頭牛，至於排除小煩惱，眾神也接受比較小的奉獻（如牛舌、牛尾）。獻祭慶典重要的祭司和其他人員（歌者和吹笛手、衛

西元前 600 年　在愛吉納、雅典和科林特鑄造錢幣，印上城市象徵，亦即城邦賦予自身原始宗教特權，錢幣被世俗化。

兵，還有供應必要器具的鐵匠和陶匠）的支付，尤其是以這種方式規範。神祇一旦獲得火腿，祭司就拿腿庫，其他助手則拿到應得的部分。如果還有剩，就分給一般公民。動物的身體各部位可謂以此方式轉換成有機貨幣。

隨著時間，祭司獲得超出所需的肉時，他們就接受替代的奧波勒斯（Obolos），也就是用來烤肉的長叉。奧波勒斯的確是最古老的錢幣單位，在阿哥斯，也就是傳奇斐頓國王的家鄉，烤肉叉長時間被當作錢幣（因此錢幣單位德拉克馬〔Drachme〕[1]的意思就是**滿手的烤肉叉**）。可以理解當奧波勒斯不再被用來徵收應有的肉量，而是用來交換其他東西，就變成另一種形式。不知何時，錢幣不再是烤肉叉的樣子，實際地變成我們常見的硬幣形狀。當然，許多錢幣還長時間維持其虛擬形態，模仿動物形狀，這些錢幣被用來當作供品。因此在雅典流通的最古老硬幣上面，呈現的是一隻被獻祭的公牛。

西元前六世紀起　利息變得普遍，傭兵普及。波斯王子居魯士（Kyros，逝於西元前 401 年）在爭奪阿契美尼德王朝（Achämanidenreich）政權時，得以依賴希臘傭兵。塞諾芬（Xenophon）的《長征記》（*Anabasis*）敘述了這些「移動城邦」的返鄉者。

功能主要在祭祀文化，以及當作負責祭祀的國家祭司酬勞，錢幣這時很快就進入日常生活。西元前七世紀，傭兵已經收取錢幣，西元前六世紀時就已產生收取利息的手法。希臘城邦越世俗化，錢幣就越來越不被當作神的象徵，而是用來象徵群體。接著也不再由祭司，而是由世俗權威擔保錢幣的價值，然則對錢幣的宗教根源的記憶卻歷久如新。

正如我們當代思想家，哲學家亞里斯多德（384-322 B.C.）宣稱錢幣的價值只是群體約定，雅典的財政部今日的名稱是 Kolakreten，意思差不多就是**收集腿肉的人**。

1 六個奧波勒斯小銀幣等於一個德拉克馬。

西元前三世紀　在使用希臘錢幣的羅馬，世俗化持續推進。從此以後，先是國家繼而皇帝都以錢幣彰顯其不朽。

父神

一神論的源起與開展

西元前六世紀後期，有個喜樂無常的哲學家塞諾芬（Xenophon），他抱怨希臘人賦予他們的神祇各種惡劣性格，早已不足以接受崇敬。該如何看待這些好鬥的小偷和姦夫淫婦？塞諾芬表示，假如馬和公牛信仰神祇，那麼馬的神應該會長得像馬，公牛的神看起來會像公牛。因為哲學家不想思辨這種造物，因為天堂崇高，不應荒誕無度，塞諾芬於是設想一個神，這個神的主要特徵就在於否定祂和祂的「造神者」相似之處。塞諾芬的神當然遠超過這個目標，雖然這個無血無

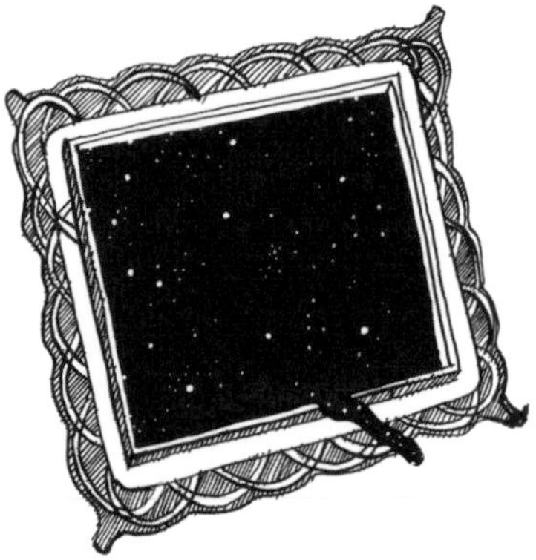

西元前九世紀　從這個時期以來，JHWH這四個字母就代表雅威／耶和華。

肉之物只會以思想力瞬間移動穿過空間，但是虛無飄渺理性的產物卻無法點燃人類的想像力。那時的人取笑塞諾芬——他的神雖然是真的，但卻是無形的。

無論如何，希臘人並不十分相信一神論，也就是信仰單一創造之神；即使信仰，他們也只創造了哲學家的神。然而他們卻是最初能創造神的族群之一，因為希臘文中的宙斯，代表天上之父（被他們的乖學生羅馬人翻譯成朱比特或父神），早就預示單一及唯一賜福的神——祂的名號（JHWH）在世界其他地區無法翻譯，使得基督宗教傳教士面臨他們的最大困境。面對一直將神祇當作自然力量、閃電和打雷的人，該如何解釋至高無上的神這個原則？雖然不知一神論出於什麼因素無法在希臘盛行，它在其他地方卻展開充滿希望的未來。和哲

1 阿雪拉，敘利亞／卡南地區的海神。

直至西元前600年 JHWH和其他神祇並無差距，好比阿雪拉（Aschera）[1]，祂是豐收女神。之後一神論才佔上風。

學家發展上帝學說同一個時代，ＪＨＷＨ，不欲被稱名者，從地方信仰變成以色列人的神。這個上帝現象有個特點，其形式乃是史無前例。數百年來人們都呼喚眾神名號，唯獨此神堅持匿名，祂不想要人們說出祂的名字。最高祭司一年只能說出祂的名號一次，但是也被群眾的狂喜所淹沒。

也許匿名是祂的神性賴以存活的靈藥。即使上帝沒有名字，祂卻並非虛無。因為祂存在於字母間，於是四個字母ＪＨＷＨ轉變成雅威（Jahwe）、耶和華（Jahova）、雅胡（Jahu），於是為祂加上榮耀稱號如我主（Adonai）或以利（Elohim），於是稱祂是亞伯拉罕的神、以撒的神或雅各的神。這個神無疑比古怪小矮人[2]有智慧得多，小矮人對自己獨一無二的神奇名字沾沾自喜，只為了體驗一回被呼喚的喜悅，這名聲就輕易地被摧毀了。以這層意義看來，神沒有名字恰好是祂被**全部的人**喜愛的條件，使祂成為所有人的共鳴體。

西元前 450 年左右　猶太人的聖經《塔納赫》（*Tanach*）以及其中的主要部分《妥拉》（*Tora*）被編成法典。

親愛的上帝可能也記得那段黑暗的史前史，顯示諸神天空的革命，泰坦和自然力量被驅逐，絕不能奢望一致的同意。西元前十四世紀，埃及法老亞肯納頓（Echnaton）要以國神取代傳統眾神時，排除異教的淨化措施造成王國巨大動盪，使得後世為了抹去對這段恐怖時期的記憶，不僅重建原狀，更從國王名冊抹消該法老的名字。怎麼能信仰超越任何想像力的神，而且就像核能電廠一樣，被單一主宰獨斷控制？但是必然有信仰這種神的需求，因為讓法老隨著他的颶風吹向天堂的不朽渴望開始民主化——然後轉而對眾神天堂發生影響。人們不僅對這些神祇的爭吵感到厭煩，也要求一個不僅呼風喚雨，而是超越一切事物的神。不朽於是從埃及散播開來，在西奈山上啟發摩西，唯一敢問上帝的名字的人，也是唯一獲得答案的人。但是此時上帝的

2 Rumpelstilzchen，格林童話裡的人物，要求嫁給國王的磨坊女兒必須猜出他的名字，否則就要把長子交給他。

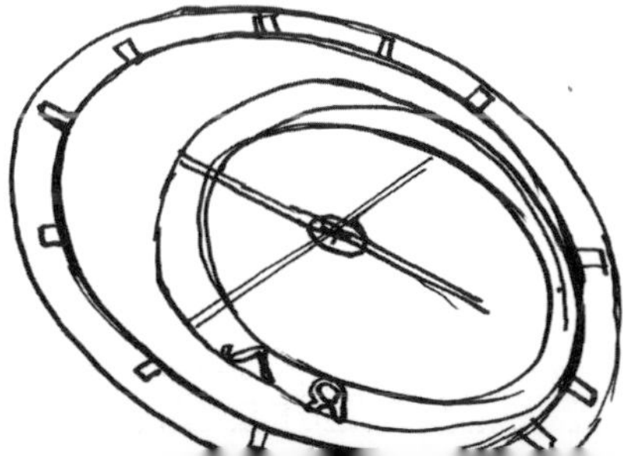

訊息似乎尚未完全散播。因為如所知，《舊約聖經》提到以色列人圍著金牛跳舞——近代學者因此認為，摩西說出受到的啟示之後就被施以私刑。如此看來就能理解十誡最初並非道德戒律，而是指出神的保護：「我是主，你的神，你不應信奉我以外的神祇。」如《西伯來聖經》的後續記載，隨著這條戒律而來的是禁止偶像，並且要求不得濫用主之名。

那麼一神論的祕密何在？這個問題的答案也許可從上帝在《舊約聖經》當中唯一的自我說明找到，因為摩西問祂的名字之後，祂回答：「**我是如我的存在**」（Ich bin, der ich bin）[3]——也可理解為：「**我會是將成者**」（Ich werde sein, der ich sein werde）[4]。換句話說，上帝是原形（Infinitiv）[5]——這個動詞詞態此時才出現在西方語言當中。存在的永恆火焰此時開始亮起——成為意象，不，不只，變成日常語言動作，超過哲學家的飄渺理性所能想像。在原形當中，思想觸及無

限。也許正是這永恆訴求的不斷重複，為亞肯納頓法老治下的埃及帶來暴政的一神想像，才得以與之和解。法老嘗試以暴力貫徹的思想變得普遍。在水上漂浮的靈，這種神是任何時期的開端和基礎，祂是把物呼喚到世間的思想：「他說有，就有；命立，就立。」[6]

這其實是個美好的故事——根本不知道為何親愛的上帝神祕地告別世間。上次我看到祂的時候，祂站在電錶旁邊，穿著藍色工作服抄電表。

3 《聖經・出埃及記》第三章第十四節，天主教聖經偏向此類似譯法，中文聖經譯為「我是存在」。
4 出處同上，路德版新教聖經譯法，中文聖經譯為「我是自有永有者」。
5 新教聖經譯法使用的是動詞原形，不隨人稱、時態變化，換言之是個恆定的形態。中文並無此詞態。
6 《聖經・詩篇》第三十三篇第九節。
7 即祆教。

西元前 610 年　穆罕默德開始口述祂的啟示——使得伊斯蘭教開始盛行，這是最後形成的一神宗教。往前回溯，波斯人的瑣羅亞斯德教（Zoroastrismus）[7] 也被列入一神教，但其教義圍繞著兩個互相對抗的孿生神。

高中

男性情誼的搖籃

費伯肯老師宣稱古希臘必然井然有序的時候，我不知道她的腦中是否浮現了那個裸露畫面（跨坐在矮小學生椅上的家長看起來反正是嚇壞了，我還聽到後面一位女士發出低聲呻吟）；然而就在隔天，學生B走到學校中庭，放下他的書包，脫下冬天夾克，先脫右腳然後左腳的鞋子，快速地拿下手錶，脫下毛衣和細羅紋汗衫，剝下褲子和內褲，就這樣赤裸裸地站在冬陽裡，舉起腳來，做了一些相當優雅的體操伸展運動。誰知道，也許他還做了平衡動作，或是強迫同學和他

西元前十二世紀　遷徙到希臘的多利安人習於發展少男之愛，也因此發展出「蜜月」的儀式：較年長的戰士被介紹給家族，戰士饋贈家族祭祀用的公牛，然後將少男誘拐到洞穴裡，之後會在那裡看到寫得大大的字體：X和Y同房。

一起做希臘羅馬式的角力纏鬥——但是我們別在意這些瑣事。

高中的原文字根 Gymnos 的意思就是**裸體**，我們如果想像希臘競技場，腦海因而出現一群赤身裸體的少男激烈投入身體訓練的畫面，這其實相當貼切。許多年長的人，大部分是色咪咪的老先生，樂得將希臘人的裸體看成是禮讚生命的形式（大不同於基督宗教的自我苦行），然而這般奔放的衣不覆體經常只是孌童癖的幻想，或是對鎮日狂歡的期盼，卻不符合實情。因為古代家長就像今日的一樣，擔心他們的男孩被等在路邊的追求者騷擾，也因此從前以死刑禁止外人侵入校區。

然而，無法否認，在那裡鍛鍊身體的少男，可說預期和這樣的追求者相遇，甚至以接吻競賽玩鬧地為這一步做準備。因為毫無疑問，這一刻會來臨，比較年長的追求者將被接受。因此古代說起愛，指的只有男性之愛；哲學家叔本華曾貼切地說，蘇格拉底談到愛的時候，

西元前八世紀　斯巴達人，多利安人的後代，發展出鍛鍊身體的風潮，可說是運動型的裸體文化。在奧林匹克競賽當中，運動員展現他們精雕細琢的裸體制服。

可想而知一定不是指女性。古希臘男性之愛的確不是怪癖，而是長時間累積而相沿成習，這種習俗正歸功於較高等的教育，也就是我們所稱的**高中**（Gymnasium）。

如果高中教育有其意義，那麼一定不在於享樂，而是在於鍛鍊，因為非常民主的希臘文化致力於教養年輕人成為平權及有能力認錯的公民。由於士兵（即所謂的重步兵），並無緊密的上下從屬關係，而是必須像個男人一般自主行動，基本上就要產生某種共同體的精神。此時他們發展出一種戰鬥技巧，戰士的盾牌不是防衛自己，而是保護相鄰的士兵，這種精神於是愈形重要。因為敵方的長矛對準盾牌下方的區域，也就是戰士的下身，保護身旁的人尤其成為義務，因為這是唯一保護自身的方式。這正是少年之愛在古代備受推崇的原因，甚至可說明西元前三三三年何以有支精銳部隊是由一百五十對同性戀戰士所組成。競技訓練場的基本思想可說存活在這**神聖群體**裡，亦即被團

西元前五世紀　高中完全不是感官娛樂的所在，因為有督學（Gymnasiarch）[1] 監督著，讓校外人士更遑論教師，不敢羞辱被交給他的孩子們，這種行為在雅典會受到死刑的懲罰。

隊視為至高無上的群體邏輯。

這種以「人貼人」方式引領年輕人進入戰爭奧妙的隱藏思想，是年長者教導年幼者維持群體的基本倫理，年長者可說以這樣的關係教導出接班人。雅典民主之花的綻放，確實可理解為對重步兵革命的反動。教育學家——如今偶爾也會出現——致力於教育性情慾，其實就像順勢療法一樣，只不過是試圖稀釋少男之愛的習俗。雕像總呈現赤裸的鐵餅選手，這種赤裸形式畢竟是種看不見的制服——呈現出運動員學會精湛地控制自己的身體。正如費伯肯老師說過的：古希臘必定井然有序！

1 督學（Gymnasiarch），職務類似校長。

西元前 338 年　隨著神聖群體在對抗馬其頓菲利普國王之役中被擊敗，國家組織的孌童殘跡也消失了，之後變得禁慾許多。

修辭

施展語言魔力的辯術

「那麼該怎麼說呢？」那個孩子問，「**諷刺**來說？」修辭學的先決條件就在其中：語言的確包藏著另一種語言，使母語聽起來陌生得像西班牙還是波西米亞小村方言。借用孩子們的說法，不管是否諷刺地表達，或是知道如何運用修辭學細膩的技巧，效果都一樣。對文字的有限知識不足以讓人了解所說的話語，因為某個字眼的意義，諷刺地說，可能變成反意（希臘文的諷刺〔eirena〕表示佯作及偽裝），聽者必須把嘲諷的反轉重新轉正，一旦沒有轉譯回去就落入陷阱。

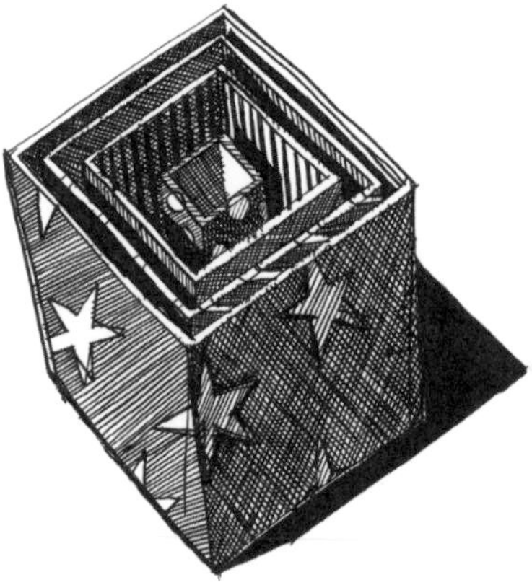

西元前510年 雅典人克里斯提尼（Kleisthenes, 570-507 B.C.）擬定一部城市憲法，旨在闡述民主的根本（奠定於已經存在的法治國家原則）。

這正是修辭學發明者心裡的打算：他們意在**弱化強烈論述**，**強化虛軟論述**。因此修辭學最初以法庭語言形式出現，其主導者，所謂的**辯士**（Sophist），出現在西元前五世紀的希臘城市裡並不奇怪。如果要以現今用語評價辯士，必須把他們想像成**媒體巨星**，舌燦蓮花地販售他們的訊息。智慧的可販售性的確是辯士的根本特徵，甚至可說是他們的品質標章。因為普羅達哥拉斯（Protagoras, 481-411 B.C.）——史上最初的辯士之一，傳播他的知識以交換金錢，被他的擁戴者稱為「師範」（Logos）。因為展現出技能本領，他的某個後繼者於是以金子估量身價，甚至毫不猶豫地將全身金塑像豎立在雅典神廟裡。語言無疑散發出特殊的誘惑力，例如普羅達哥拉斯據說（就像花衣魔笛手[1]一樣）「不管走到哪個城市，他的語言魔力都吸引學生一路追隨，有

1 花衣魔笛手（Rattenfänger von Hameln），德國民間故事，他吹笛驅逐鼠患，居民反悔不付酬勞，於是吹笛將全城幼童誘拐而去。

西元前 430–401 年

斯巴達人和雅典人的伯羅奔尼撒戰爭，撼動人們對民主的信賴。

如奧菲斯[2]，人們都失神地跟隨這魔力。」

但是如果只把修辭學看成操縱技巧，遲鈍的經理人只要參加週末課程就能學會，那可就太天真了。普羅達哥拉斯的學說並不局限於修辭藝術，其中自有其嚴謹核心，是一種解脫學說，翻譯成今日用語可說是：**走你的路**！根據此一學說，人不必再遵循前人及其神祇（也就是希臘人所謂的規範〔Nomos〕[3]），擺脫這一切，達到自我意識，因此許多古代學家稱之為辯術啟蒙可說完全貼切。神祇並不是準則，人（根據普羅達哥拉斯的學說）才是萬物規範。因此普羅達哥拉斯認為有關神的問題無法解決，基本上宣稱這個問題毫無實質意義也就順理成章。「說起神祇，我不可能知道祂們究竟是否存在，也不知其形象。妨礙我知悉的力量有很多，這個問題也很混亂，而人生苦短。」

這是種挑釁的說法，認為傳統無關緊要，個人以自我意識突破社會習俗的好例子，從中可看到一種幾乎只在我們當代才認知到的現代

西元前 360 年左右　亞里斯多德的邏輯學把辯士從美稱變成謗詞。但是他同時發展出非常細緻的修辭理論，對所有後續理論都有強烈影響。

性。不僅因為辯士宣稱神祇問題無關緊要以及無法解決，他還主張人之間也沒有約束性規範：每個人都各自認證真相，按照自己的方式生活。因為一切都是相對的，這是辯士要傳達的唯一訊息，或許可以將辯士視為動搖穩固確切性的**拆除大隊**。

這種哲學解構同時有非常實際的一面。因為普羅達哥拉斯特別擅於利用他的能言善道，在法權爭端中將無望的事情轉成獲益，使對手看來穩固的觀點支離破碎。然而辯士在這之中面臨兩難，因為他如果從金錢，也就是從社會重視的面向而導出自覺的結論，就表示此自覺絕非出於個人自由，而是以集體價值觀來評價。尤其當競爭產生，這位導師在他的學生之中總有一天會發現大師。

2 奧菲斯（Orpheus），希臘羅馬神話人物，音樂造詣足以伏服萬物。

3 在希臘文當中，這個字的意義相當廣泛，舉凡適用於一切生物的都含括在內，當然也包括習俗或法條等等。

西元前二世紀　羅馬人接受修辭學，將之變成非常實際的訓練，（就像今日的人文科學）被運用在整個知識傳遞上。因為公開談話，就像羅馬…

有個小小軼事就和普羅達哥拉斯有關。普羅達哥拉斯教艾法西歐斯（Euathlos）修辭學，因為艾法西歐斯沒有錢，雙方約定他不必付錢，直到他贏得第一場訴訟為止。然而艾法西歐斯並未成為律師，轉而投入音樂，因此自認不必付錢。普羅達哥拉斯於是提起訴訟，要求他支付學費，理由是：「艾法西歐斯無論如何必須付錢：根據我們的約定，不管是他贏得這回訴訟，或是他敗訴被法院判處應該支付。」艾法西歐斯於是回應：「我絕無必要支付學費，因為我如果訴訟失敗，那就表示我受的教育不夠好，約定當然有效，或是法院判我勝訴。」法院不知如何解決這兩難困境，於是延期。

經過半世紀之後爆發伯羅奔尼撒戰爭，也就是大規模的希臘內戰，偉大雅典世紀的希望消失無蹤。從前待價而沽的驕傲變成普遍的腐敗嫌疑。克里提亞斯（Critias）於是說：「雅典人的身體屬於付錢的人。」辯士或許宣揚個人解放，這時卻讓人產生這種解放導致公民

…元老院進行辯論，一向具政治面向，修辭學因此備受推崇。西塞羅（Cicero）以及昆體良（Quintilian, 35-96）不僅運用修辭學，還嘗試更精確訂定其規則。

社會崩毀的看法。普羅達哥拉斯於是也成為他自身學說的犧牲者，人民會議對他的著作《論神》（*Perì theôn*）感到憤怒而焚之。他的著作被銷毀，他個人則在逃往西西里島途中死亡。

真相

柏拉圖的洞穴譬喻

真相一詞背後當然一律指稱絕對真相。因此，一旦把真相想成複數，說起**真相們**，更有甚者，說起**我的**和**你的**真相，聽起來就特別奇怪。不，只有一個真相，而且不因人而異，再者真相不是被**做出來**的，它只能被**接收**。這正是哲學家想在榔頭和思想之間做出的區別：我能使用榔頭，就像任何工具，但我充其量只能接收真相。當然只需要少數幾個問題，就能讓哲學無可動搖的紀念碑產生晃動。因為，如果我只能接收真相，那麼誰是訊息傳送者？大自然？神？又是哪一個

西元前 399 年　蘇格拉底被雅典人以多數決判死刑。對這個經歷記憶如新，他的學生柏拉圖寫下第一部作品《申辯篇》（*Apologie*）。

神？更重要的：我如何能知道，這個對象剛好將訊息傳達給我，而不是某個造假的模仿者呢？

有關真相這個問題剛好出現在辯士將之視為可操縱的思想之際，也許並非偶然——這個情況下，有個名字真的要收入我們偉大思想的歷史。辯士蘇格拉底，他和他的辯士同仁的區分在於他不為他的教學收取任何金錢。不收費正好讓他有權自詡為真相之友，**愛智者**（philo-sophos）——一個把某種高尚的東西看得比響亮的硬幣更重的人：亦即對真相的愛。而且這並非空洞的話語，這個哲學家經得起考驗，當時人們——非常民主地——控告他褻瀆神明，蘇格拉底寧可選擇死亡，而非收回他說出的原則。

其中有意思的當然是蘇格拉底所說的真相並沒有一定的接收對象，可說是無中生有，從否定引申而來。這正是他的絕對確切性背後的深意：**我知道我什麼都不知道**。就連他反駁雅典人做出申辯之時，

西元前 387 年　柏拉圖取得一塊土地，在該處建立柏拉圖學院。學者們以集體尋求真相為己任。讓真相曝光絕對使元老不悅，從希臘真相女神的名字就看得很清楚：因為阿雷希雅（Aletheia）的名字裡有 Lethe 這個字，也就是遺忘之河之意。

他也未宣稱自己多知道些什麼，卻說起耳朵裡的聲音，從他幼年起就勸他莫做惡事。如果蘇格拉底（他本身沒寫過一行字）沒從柏拉圖（427-347 B.C.）身上看出這個學生的天賦，「不知」的確切性必然在哲學家身後就無人聞問，柏拉圖卻將他耳裡的聲音變成哲學揮之不去的耳蟲：真相。

有個哲學歷史學家曾說，所有的哲學都只是柏拉圖的註腳，或者說得直接一些，我們都只是反芻柏拉圖已經確立的學說。反芻的哲學的確是柏拉圖本身偏好的方式，他幾乎總是戴著他偉大老師蘇格拉底的面具登場。柏拉圖或許會反駁那個歷史學家的說法，表示發展自己的思想根本不是思想家的任務，而是必須以尋找真相為己任。但是何謂真相？尤其，真相如何辨認？柏拉圖以他著名的洞穴譬喻回答這個問題，這個譬喻超越「不知」的單純確切性。柏拉圖在其中設定一群人，被鎖著坐在洞穴裡，對於明亮處發生的事情，只能從陰影及反射

得知一二。因為這些人終生除此之外一無所知，就把這個陰影世界當成真實，如果讓他們突然看到光線，他們根本不能感知光線。

這個譬喻是柏拉圖真相概念的特點：因為在習慣的日常理智下，人類就像洞穴居民，被緊緊桎梏，只能看到真相的影子，從不曾看到真相本身。為了看到真相，理性必須擺脫錯誤的感官印象——提升到精神世界。然而這樣的提升一向也是進入永恆之路，真相是永恆而且初始——它（就像神一樣）一直都在。但是柏拉圖不想成為神學家而是哲學家，於是主張他的理想國以前就曾存在，即聞名的亞特蘭提斯，遭受自然災害的侵襲而滅亡。換句話說：真相的國度就像失落的樂園，人類必須回想起來。

因此，通往真相的道路叫做**回想**、**回溯**。因為每個人不死的靈魂都含藏真相，世界的陰影把戲只能遮掩它。柏拉圖（依舊戴著蘇格拉底的面具）在他的《美諾篇》（*Menon*）裡闡明「回溯」這個概念如何

西元前 400 年起　可追溯至辯士高爾吉亞（Gorgias）的犬儒學派表現出真相的另一種變化形態：因為無須隱瞞任何事情，於是赤身裸體地散步。錫諾普的狄奧根尼（Diogenes von Sinope, 391-323 B.C.）在大庭廣眾之下手淫，讓當時的人大為震驚。

運作：蘇格拉底從東道主的奴隸美諾那裡，引出一個繁複幾何問題的解答，而且是藉助耐心的質問。這種質問技巧，也就是蘇格拉底理解為**助產術**（Mäeutik）[1]的技巧，正是哲學的技術所在。因為被當代的碎片淹沒的知識重生，意味著真相不是被製造出來，而是一直且永恆存在。柏拉圖將真相從時間解放出來，置於永恆初始之處，他就創造出哲學的客體：一種知識，不屬於任何人，但屬於所有的人，此外是沒有時間性的知識，是永恆的知識，即**真相本身**。

更仔細觀看偽裝大師柏拉圖所做的事，卻會看到這引人入勝的過程不是那麼光明正大。因為柏拉圖為了闡述永恆真相，推挪時間的技巧，他在《克拉提魯篇》（*Kratylos*）裡將字母視為某種神性的DNA，將當時還很新穎的字母文字當成初始文字使用——這個把戲直到今日依舊完美運作。於是可以理解，何以我們習慣指望真相浮現，畢竟數學以及文字提供了最長壽的貨幣單位，讓真相永恆存在的「錯覺」不

西元前370年　柏拉圖寫下《理想國》，嘗試描述真實的共同體。詩人柏拉圖毫不留情地將詩人排除在此一共同體之外。托馬索．坎帕內拉（Tommaso Campanella, 1568-1639）的著作《太陽之國》（*La città del Sole*, 1602）是柏拉圖國家規劃的忠誠繼任者，就像柏拉圖，本書也將私有財產（包括創作的自由）貶低為惡的根源。

斷延續。我們對數字和文字的想法根深蒂固，所以認定「二加二等於喝茶時間四」這個句子沒有意義，但是每個骨子裡喜歡泡酒吧的人，都知道減價時段（Happy Hour）只要半價的真相。

1 蘇格拉底將談話技巧比喻為助產術。

邏輯

亞里斯多德的工具箱

若說宗教，甚至可說在奧義領域，從柏拉圖那裡得到許多啟示，那麼亞里斯多德可被視為一切理性信仰的至聖，承擔重大任務，要將思想從任何神祕學說殘餘解放出來。於是他不再認為值得花費精力探討神話，他對世界的觀察方式主要是唯物性，如果神（注意是單數）出現在其中，那麼就以恆定不移的作動者登場，即是其自身且維持不變的基本原則。在神這個位置上的確也可以放上科學一詞，但是為了研究科學，必須心神明澈地進行思考——必須排除辯士擅長的所有技

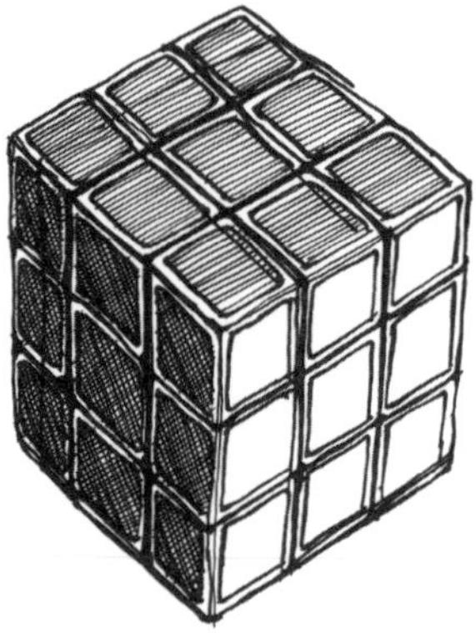

西元前 550 年　歷史學家的始祖希羅多德（Herodot）只知邏輯（Logos）一詞最古老的意義，既不代表理性，遑論邏輯，而是意謂學說或信念。百年之後，邏輯對辯士而言是對抗宗教傳統的戰鬥語言。

倆和訣竅。亞里斯多德的**邏輯學**正是此一淨化措施——辯術領域太多人濫竽充數，讓理性人士不禁怒髮衝冠，他因此覺得此舉再恰當不過。因為歷史上看來，反邏輯（Antilogik）先於邏輯，辯士以**反駁的藝術**（antilogike technè）所建立的學門主要用於法庭辯論。亞里斯多德最痛恨的正是這一點：因為辯士的智慧只是表面而非真實的智慧，辯士以表面而非真實智慧賺取金錢。

為了將真實智慧從表面智慧區分開來，亞里斯多德在他的《工具論》（*Organon*）裡費盡心思的集結出某種理性工具箱。先是澄清人與人的外形之間有所差距，但卻擁有同一個名稱（人）。然後他說明，人具有一定特性——而且人就像公牛一樣，被歸納在生物這個概念之下；思考的標準被列舉出來（面對的可能是物、大小、特徵或關連，地點、時間或狀態，擁有、作為或苦痛）。簡而言之，亞里斯多德非常仔細地說明我們幾乎以為天生如此的事物（有主動或被動，有本質

西元前 367–344 年　亞里斯多德撰寫《工具論》，之後他擔任亞歷山大大帝的教師。亞里斯多德的思想在古代一直都算流行，即使並未像柏拉圖持續受到讚揚。

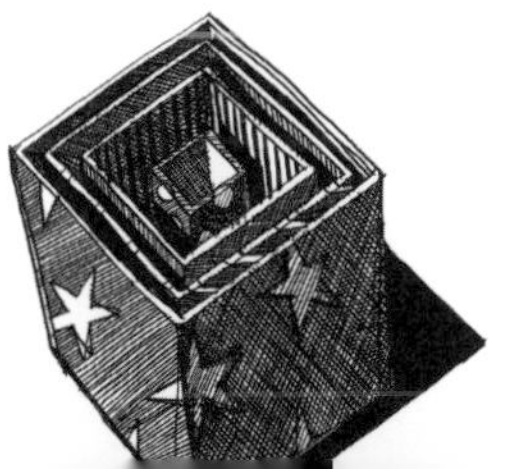

與偶發等等），找出一些之前並未做出的區別。描述這些工具之後，亞里斯多德著手澄清辯士的自相矛盾，揭穿他們造假、語言錯誤和誤導技巧。亞里斯多德寫下邏輯性結論：他指出何謂同一及因果，何謂得出邏輯結論等等。只要讀過他的辯士駁論，就明白那些辯士的技倆如何滲透人心。他舉出一個例子，辯士宣稱數字五是偶數同時也是奇數，而且原因在於它是二（偶數）和三（奇數）相加所得。亞里斯多德認為這個思考錯誤在於，辯士以不可容許的吹毛求疵解讀加總（辯士根本只是和鬼魂及假象纏鬥）。

正如掃蕩辯士，亞里斯多德同樣徹底地著手邏輯思考的配方書。後世康德（Immanuel Kant, 1724-1804）於是能說，邏輯學在亞里斯多德之後「就再也無法更進一步，每個人都認為它已經完成而且完整了」。然而我們一旦想討論理性法則，就必須先指出其中一個重大的破綻。因為這些美好的句子都能回溯到字母，這是邏輯推論可行的條

西元前 340 年左右　將亞里斯多德的邏輯學數字化是歐幾里德（365-300 B.C.）的功勞，他在《要素》（希臘文 stoichea，意即字母）一書中演示，所有的句子都必須回復成公理（Axiom），否則就無法進行邏輯推論。邏輯學直到十九 / 二十世紀才又再度成為問題。

件。亞里斯多德將對等原則回溯到A等於A，將因果反推到說A的人也必定說了B，最後還有所謂的三段論證（當A＝B，且A＝C，則B＝C）使邏輯學的ABC完整，那麼我們就發現，邏輯學家忽略邏輯學當中一些根本假設，預設字母及字句意義恆定不變。要是把字母從邏輯學家手中奪走，就抽走他們的操作基礎——再也沒有什麼能確保他們找出對等和因果。

1 阿維森納，即伊本・西納（Ibn Sine），中世紀波斯哲學家、醫學家、自然科學家、文學家。

2 阿威羅伊，即伊本・魯士德（Ibn Rushd），安達盧斯哲學家和博學家。

西元 1000 年 亞里斯多德在古代還受到一些重視，尤其是新柏拉圖學派。基督宗教不知拿他的唯物論如何是好，討厭他認定靈魂會逝去。他在阿拉伯世界受到理解，阿維森納（Avicennas）[1] 及阿威羅伊（Averroës）[2] 的著作使他在中古世紀又重新被認識。他的思想對於正在形成的自然科學非常重要。

自我認知

靈知派的靈肉分離術

此處所說的自我認知也大可稱為**逃離塵世**。這其實一點都不奇怪，只要想想古代語言的特點在於結合矛盾（例如拉丁文裡的 altus 同時意指高及深，希臘文的 thymos 則意謂勇氣、憤怒、心靈，堪稱感覺大雜燴）。我們或許也認為透過自我認知可踏上改善之路，而**靈知**（Gnosis，希臘文 gnothi seauton 意謂**認識**你自己）的要求最初和一齣悲劇相關。這齣悲劇從可怕的斯芬克斯給伊底帕斯的謎題開始，謎題是這樣：早上四隻腳走路，中午兩條腿走路，晚上用三條腿走路的

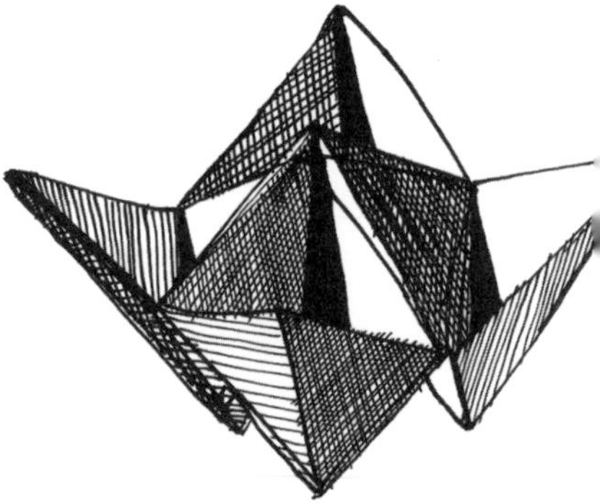

西元前 525 年　畢達哥拉斯教派認為一切事物的開端是數字。這個祕密社團的成員必須謹守義務，不得對外人提及他們的發現。教派的精神也和一項飲食禁忌結合：不許吃豆子。

是什麼？（答案很簡單，嬰兒用四肢爬行，成人以雙腳行走，老弱撐著拐杖因此三條腿。）一旦伊底帕斯成功解開斯芬克斯的謎題，從怪獸的殘虐之下解救底比斯，他之後就必須因此付出高昂的代價，因為正是自我認知的意志強迫他正視自己的罪惡。最後他的知見令他無法承受，因此寧可用劍刺瞎雙眼。

伊底帕斯的故事的確可看作是被稱為**靈知**或**靈知主義**（Gnostizismus）的精神潮流範例。靈知主義者，以字面意義而言，也許把自我認知當作使命，終究變成受歡迎的逃避塵世技巧，而且隨著文字日漸散播成某種理性宗教，他們就因而越受歡迎。西元前六世紀的祕密社團畢達哥拉斯教派，他們不僅為數學做出貢獻，也為世間帶來一些神祕學說，好比宣稱一切事物的根源是數字。可以把純粹符號（symbo-

1 阿卜拉克薩斯為諾斯替教中之神祇，宇宙觀體系中的至高之存在。

西元 100 年左右　希臘哲學家巴西里德斯（Basilides）成為埃及靈知學派中的大家，在亞歷山大城撰寫了「恆定之父」（Ungewordenen Vater）的學說，恆定之父分成七個部分，又轉而呈現為人間的精神國度，化為阿卜拉克薩斯（Abraxas）[1]之名以及 365 這個數字——靈知學派的咒語。

lon）的思想當作靈知主義分裂的因素——靈知主張畢竟激起人們的幻想，以為自己可以像超越塵世的符號那般純粹和無瑕。柏拉圖眼中的人類——陰影世界的居民——只能看到永恆的殘影，靈知者卻再也不能以此為滿足。如果人類內在其實具備天使本性，那麼他在天堂就應得一席之地：此處與當下皆然。人身為理性生物，難道不曾享有神性的永恆真相？若果如此：何以人不再身處神性靈光之下，反而沉淪到人間？

靈知劇場以這個問題展開，這時不再圍繞著自我認知，而是著重於將自身塑造成天使。於是兩種力量無法妥協地對立：一方的人是精神性而無血肉的理性生物，在另一方人則是罪惡的血肉。鼓勵後者，不管吃肉還是完全投入肉慾，就使精神心靈受到完全的污染。唯一的機會在於嚴格節制飲食，並且極度輕視肉體（有時放縱性慾也算一種肉體鄙視——人生總是矛盾）。

西元 240 年左右　波斯人曼尼（Mani）建立曼尼教派，將靈知派的思想提升到新高點，光明與黑暗，精神及物質處於永恆戰鬥之中。曼尼成功地說動一位波斯國王改信，後來卻被繼承王位者關進牢裡，受到刑求。

但因為這番混亂不是人類造成的，人被桎梏在身體裡，在肉慾的罪惡裡，以及生命有限不是人的錯，那麼就必須找出另一個對象負起責任，也很快就發現邪惡力量所在。如果純粹符號具備神性，那麼相對物只能是魔性。以此見解——同時可以解讀為魔鬼的發明——就展開一場神與魔，天堂與人間的大戲。一切涉及誕生及創造、血與肉的都屬魔，一切涉及精神、光明以及非物質的就是**終極的人類天性**。據此，人類是墜落的天使，被邪惡的德米烏爾古（Demiurg，諸界創造者）鎖在罪惡的身體裡，難怪希臘文 sarx 不只意謂肉，還和石棺相關。換句話說：我被活埋在自己的身體裡。至此靈知派只能將物質世界視為監獄和塵世，他的信仰只能存在對世界的指責當中，以及最好是從不曾被生下來。

2　西元四、五世紀的特殊禁慾形式，僧侶在柱頂苦行，下頁提及的西美翁據信是第一個柱頂聖人。非基督宗教相關的苦行，相傳更早在古代禁慾主義就曾出現。

西元 400 年　敘利亞發生一個令人注意的運動，後來成為歷史上的柱頂聖人[2]。他們輕視世界的奮鬥在於克服自己的身體，並展示在驚訝的群眾面前⋯

稍加合理化可將靈知派學者視為烏托邦信徒，他們畢竟舉出天堂這個不存在的地方以對立於具體世界。靈知派並非明確、可定位的團體，而是形成所謂的輕視世間的普世運動，有猶太教、基督宗教、希臘甚至埃及的靈知學者。埃及靈知學者於西元一世紀以魔法師赫爾門斯・崔斯莫吉斯堤斯（Hermes Trismegistos）[3]為中心，他是煉金術和赫爾門斯主義（Hermetiker）的始祖。雖然細節有許多出入，所有的靈知派門人有個共同點，也就是意圖將精神及身體儘可能區分開來。早期的基督教也必須處理這個問題，而且因為對靈知派而言，耶穌的人性不僅難以想像，更必須加以唾棄。

為了避免此一問題，靈知派的主要信念在於否定福音書所創造的耶穌實體性，為祂創造出一個星象身體取而代之。彼得使徒傳的靈知派撰寫者就想到一個點子，主張耶穌實際上根本沒被釘在十字架上——即使有，也只是表象，亦即在同一時刻，耶穌的實體死在十字架

…例如西美翁（Symeon Stylites der Ältere）讓自己被埋起來，還長期站立剝奪身體的睡眠，最後他跑到一根柱子上，在那裡堆滿穢物，慶祝自己的禁慾。

上，耶穌的光體則出現在最愛的門徒約翰身上，笑著對他宣布這一切根本不是真的。一旦無法避免身體釘死於十字架上這個問題，它就根本衍生到人類的墮落上。好比瓦倫廷（Valentinus，逝於西元一六〇年後）曾主張：「耶穌以特殊方式吃喝，卻無須排泄。祂的能力就是如此巨大，能阻止排泄，食物在祂體內卻不會腐敗，因為祂本身不會被敗壞，也沒有腐化。」有個學生上過有關靈知派的課之後說：「您的意思是這一切和素食者有些什麼關係嗎？」

3 其姓氏義為「三重而偉大」——煉金術、占星術及神通術。

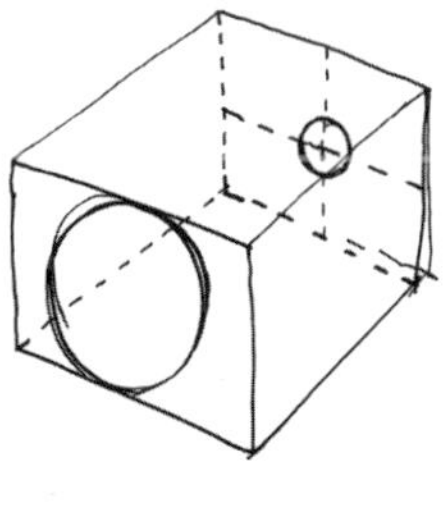

律法

羅馬法典的文字咒術

當今的約會秀（Dating-Shows）總是擺出奇怪的獎項（不管是自選一個對象還是一部運動腳踏車）[1]，這類替代選項並非史無前例。好比中古世紀一位年輕而渴望教育的女士，要求像她的兄弟一樣接受教育，她的雙親卻提出一項古怪的替代方案：要不和男人結婚，否則就獲得一部《民法大全》（*Corpus Iuris Civilis*）——羅馬帝國留給後世的那部厚重法律全集。年輕女士的答案顯示，要引起她們的渴望，羅馬法律全書更勝於男性。這樣的選擇的確並無不恰當之處，因為這部

西元前 450 年　羅馬人承襲希臘人的法律，以十二塊銅板展示在羅馬廣場上，因此被稱為「十二銅表法」。

法律全集安然度過帝國崩毀。這部羅馬帝國「紀念碑」是在古典時期結束後建立，它的永保青春確實叫人驚訝。這部法典並非來自羅馬本身，而是東羅馬帝國，倡議者是查士丁尼一世（482-565），最後一位母語為拉丁語的皇帝。身為虔誠的基督徒，他當然迫不及待地廢除雅典的柏拉圖學院，也廢除羅馬的執政官，另一方面則從**上帝恩典**尋求帝位的合法性。唯有羅馬法不受他清除異教徒措施的影響。

不過讓我們回到羅馬法的源頭。即使常有人喜歡宣稱羅馬人其實進口一切（包括他們的眾神），但是毫無疑問，他們對世界歷史的天才貢獻在於法律。羅馬人對法的興趣來自何處？羅馬的作者們，如西塞羅（Cicero），一再強調羅馬的所有戰役都合法，清楚顯示法的存在。任何一場戰爭都有正式的宣戰書。在早期羅馬，法律的確具有相

1 介紹男女雙方認識的一種電視娛樂節目，參加者最後可在和對方約會或獎品當中選擇。

西元前 300 年　「弗拉維法」（Ius Flavianum）規範訴訟如何進行。後來平民也被允許加入祭司團。

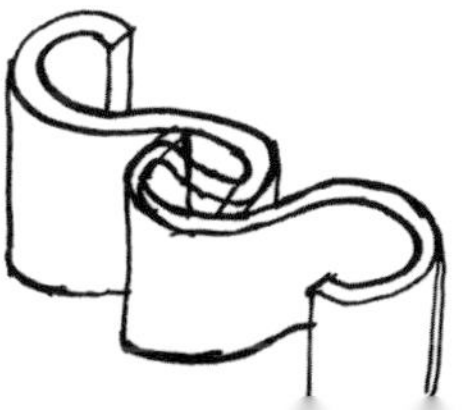

當的宗教意義：有一群國家公務員（以**大祭司**為首的一個祭司團），其職責在於解釋**聖法**（Ius sacrum）並加以維持。

這種秩序狂或許和拉丁文的形式主義相關，當時的法律無論如何具備魔法面向，因此將任何往來行為結合特定正式儀式，少了這些儀式就不具法令效力。好比如果想要出售奴隸，就必須遵守 mancipatio（字義正是「接掌」）的魔咒：「我主張此奴隸根據羅馬公民的權利乃是我的財產，以這塊銅為代價被我購買。」這個所有權不僅涉及這個奴隸，還擴及奴隸的兒子，這個兒子的 emancipatio（解放）以同等精確的方式規範。當他被三度賣給仲介，經過一段時間之後將會交還給家族的族長（這是所謂 remancipatio〔再接管〕的程序），最後他可以從父親的權利被釋放——這正是他的**解放**。自由的那一刻的確等同宣稱具備法律行為能力。

此外，法律行為能力完全是公民的特權：女性、兒童、奴隸被排

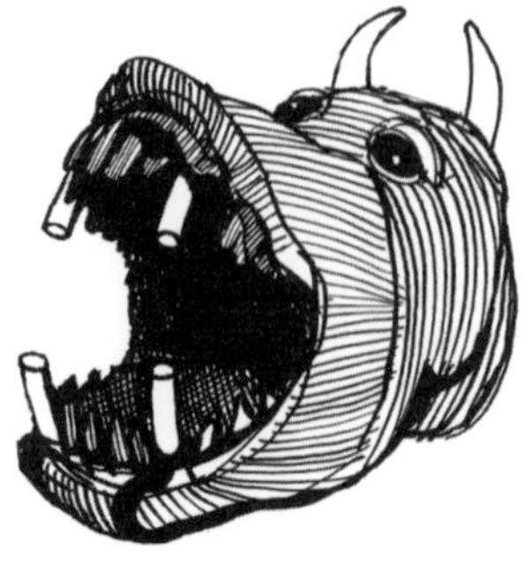

除在外，而精神病患和敗家子，外國人（包括西西里人）、被驅逐者和被解送出境者也不擁有法律行為能力。嚴格說來，唯有法律行為能力使個人成為完整的人：我在此為人，我得以存在於此。在這個背景之下可理解，一旦區分有無行為能力，區分公法和民法，區分羅馬法及國際法，法的問題就涉及生存本質，並非空虛的廢話。法典裡有繼承法、離婚法、抵押法、收養法；違法行為（納妾，非婚生子女）以及連帶責任限制也都已經建立；以合約擬定的特定義務經規範可被繼承，其他規範例如被告應承擔損害補償，以及如何補償，例如動物飼主必須為他的動物負擔損害補償。簡言之，幾近執著於吹毛求疵的羅馬法律規範一切事物。好比上文的解放程序，一律必須說出正確的形式用語，遵守法律程序，還要注意期限。這種形式主義可說具備宗教特質，自我提升到一個高度，甚至可說達到精煉的程度——亞里斯多德還有整個希臘古典時期皆可望而不可及。

西元 455 年　汪達爾人（Vandalen）掠奪羅馬，教宗里歐一世此後自稱大祭司（Pontifex maximus）。

西元 528–534 年　《民法大全》編纂完成。

或許羅馬落入汪達爾人手中，他們的宏偉建築只落得殘破，想像的實體《民法大全》卻依舊在中世紀引人入勝。羅馬消失之際，教宗剛好在這時自我加冕為大祭司，大祭司究竟算不算榮譽稱號卻還是個問題。作家怎麼說來著：「他是法學家，除此之外智識有限。」[2]

2 語出路德維希．托馬（Ludwig Thoma, 1867-1921）的短篇小說《合約》（*Der Vertrag*, 1901）。

西元 1100 年左右　一份手抄本，更精確地說，被遺忘的《民法大全》摘要（所謂的《佛羅倫斯抄本》〔*Littera Florentina*〕，大約 900 頁）被發現。這個文本又成為中古世紀的法律理解基礎，尤其是在波隆納大學，該大學成為歐洲法學人士朝聖地。

十字

天堂與人間的交流道

今日如果思索人和十字有何交叉之處，大概無法避免想到背部問題[1]，卻不會想到十字本身是個很棘手的象徵符號，即使耶穌的追隨者也只能謹慎摸索。因為這個死亡方式如此羞辱，被釘在十字架上的人只被認知為譏嘲象徵——也難怪，因為通常是逃跑的奴隸才以此方式處決。基督徒把它當作頑抗的祕密辨識符號，經過整整三個世紀之

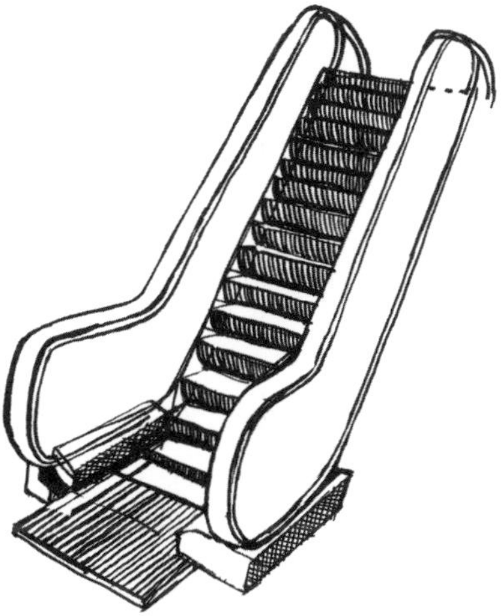

1 背部薦骨的德文直譯是「十字骨」，薦骨疼痛是常見的毛病。

西元前 79 年　角鬥士斯巴達和其他七十名角鬥士不願變成奴隸，起而對抗。起義失敗之後，後來的執政官克拉蘇斯（Marcus Licinius Crassus）將六千名奴隸沿著亞壁古道釘死在十字架上。

後，基督宗教才把它當成自身的象徵。但是很長一段時間以降，描繪十字架釘刑仍屬忌諱：直到中古世紀，人們只敢從遠處觀看被釘死的耶穌。經過幾世紀，視線拉得越來越近，在這個緩慢接近的過程當中，觀看者發現耶穌受難就是自身苦難——人子耶穌其實具有代表功能，所指的是每個人。

可以這麼說：這幾個趨近階段勾勒個體思想的開展。耶穌故事的模仿搞笑劇《萬世魔星》（*Monty Python's Life of Brian*）當中有個片段，求道者排隊等著被釘上十字架（有點像迪士尼主題公園訪客的境況）以及那些監督十字架發放者堅持每個人只能拿一個。這個限制有其理由，否則就會像心理治療師治療多重人格的病患，之後開出二十六份帳單。不，可不是這麼看的。如果耶穌死在十字架上，其中僅涉及發現**個體**靈魂救贖。以前不朽是貴族的特權，西元四世紀的時候，基督教神學家甚至討論過女性是否具有靈魂，釘死在十字架所傳遞的訊息

西元 50 年起　因為基督徒受到迫害，原始基督社團的辨識符號起初只用祕密象徵。最古老的象徵之一是魚（希臘文 Ichthys），字母組成是耶穌、基督、上帝之子及救贖者的縮寫——正好相應於耶穌自我表述為「得人如得魚」[2]。

則是極端個體主義，因此同時也是極度普世。不管某人是稅吏還是妓女，不管來自哪一族，或是來自社會最底層，都不以其身分死去，而是以其與神的相似度蓋棺論定。不論財產、地位和收入，所有的人都是上帝之子。

從上述觀點看來，在許多層面上，這個象徵的刺眼之處凸顯人子耶穌存在的革命性。在一個習慣清楚分別精神與血肉的世界，耶穌也標記了人與上帝的交會之處：神人耶穌的雙重天性。十字承接的正是這個解讀方式，直線意味著人對神的連結，而橫線則指涉人與人的關係。不管橫向或縱向連結，這些關係不再是自然天成，而是經過選擇的關係。在天與地的關連之下，在基督的雙重天性中，傳統社會關係被超越。希臘城邦的寡婦們自然而然地嫁給死去丈夫的兄弟，基督教

2 意謂獲得眾多追隨者就像魚獲豐富一樣喜悅。

西元 325 年　第一次尼西亞會議（Konzil von Nicäa），十字架成為基督宗教的象徵——剛好在基督教被康斯坦丁大帝宣布為國教之際。但是直到狄奧多西一世（Theodosios, 347-395）廢除十字架釘刑當作死刑，十字才得以做象徵性解讀。

接納他人進入社團的方式，就是將兄弟們和姊妹們稱為信仰的手足。個人不再是宗族、城邦、種族的所有物，而是成為超越一切的信仰團體的一部分。轉譯成現代語言，這種變革差不多就像：**我的肚子屬於我！**[3]

古典時代對基督宗教所做的主要指責朝向超越傳統並不奇怪，因為主要被譴責的是基督宗教（自我）解放神學。希臘哲學家塞爾瑟斯（Celsus）總結這種厭憎表示，他覺得基督徒就像蚯蚓一樣，在他們污穢的角落裡以為「上帝棄整個世界和星體運行於不顧」，只是為了讓基督徒這些蚯蚓揭開祂的祕密。此一指責非常貼切地傳達出十字的本質所在，亦即希臘人對 Idiot 這個字的理解——指稱那些脫離團體的個人。被釘死在十字架上帶來對永恆生命的期盼，比起這個解脫過程更極端的是：抱著和上帝具有同等形象的想法，個人以十字符號脫離自然——他宣稱的正是超越俗世。十字因此就象徵著反叛：天堂對人

西元 700 年左右　我們熟悉的使徒信仰告解被訂定出來，這個版本才清楚提及十字架釘刑，相反的，在古羅馬版本裡只非常籠統地提到基督的復活。

間起義，精神對抗肉體。

另一個世界的可能性也隨著十字而浮現。基督徒之後想要推動天堂的政治，想要藉著信條複製「**如在天堂，如是人間**」，十字架因此蘊含烏托邦的想像。對柏拉圖而言，人類無法觸及精神世界，絕對的光明，十字架卻昭示天堂人間這兩個世界一直同時存在，是我們的「自我」、我們雙重天性的一部分。於是殉道死亡正如希臘文 martys（證人）所意謂：人性的證明以及超越人性。

3 二十世紀七〇年代，德國婦女爭取身體自主權的口號。作者借用這句話表示個人擺脫原始社會關係的束縛。

西元 1100 年起　直到中古世紀才開始榮耀十字架，也就是被釘在十字架上的基督。和這般推崇同時形成的是受難劇，模仿演出基督的受難之路。

潔淨

聖母無染原罪是怎麼回事？

如果詢問少數學識豐富、知道聖母無染原罪學說是怎麼回事（而且一生都在回應業餘人士的抗議）的神學家，或許會對他提出的答案感到滿意，答案說明這個問題根本和聖母瑪麗亞無關，而是和尤阿興與安娜有關。但是老天爺！誰是尤阿興和安娜？在這種情況下，有人或許會想，應該參考一下福音書，但是福音書裡也找不到任何有關這對可疑人士的任何線索。這少見的結論似乎指明單一和唯一神聖的教會乃是奠定在一個謎題上。的確，為了追溯無染原罪教條，必須往更

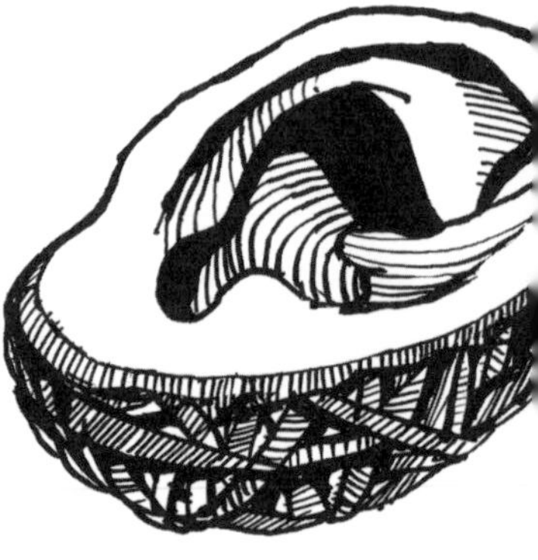

西元二世紀　《雅各福音書》
敘述了瑪麗亞幼年的故事，
尤其是將她的雙親尤阿興和
安娜介紹給群眾。

久遠處尋找。整件事變得複雜也和前文提及的那個靈知派主張身心分離有關，這個主張如今只讓我們覺得怪異和難以理解。上帝降生在某個違反古代服飾規定的女性懷裡，這個說法可是無恥的輕描淡寫——畢竟其中涉及一個大膽想像：和血肉接觸的神，當時絕對被視為無可挽回的玷污。志在維持救贖者無瑕的靈知派於是聲稱，耶穌通過瑪麗亞的身體就像水流過水管一樣。

這個說法或許解決最粗糙的問題，卻引出更難解的問題，因為福音書對處女生子的說法相當矛盾，好比《馬可福音》敘述，耶穌在被上帝接納之前已經在世間活動了一陣子，而且還提到耶穌有多個兄弟姊妹——必然使處女生子的信徒難以置信，因為這畢竟意謂著，瑪麗亞在這驚人的上帝賜福之後還投入世俗情慾。此外，耶穌在加納婚宴上對他的母親以非常不適當的方式說：「女人，我和你有什麼關係？」要是這些荒謬之處還不夠怪異，那麼尚有來自異教徒的其他不雅毀

西元 431 年　以弗所公議會（Konzil von Ephesos）稱瑪麗亞為聖母（theotokos），意即誕神之女。

謗。謠傳瑪麗亞和一個名叫潘特拉（Panthera）的羅馬士兵苟合，於是以處女生子欺瞞她愚蠢的丈夫。看過這些疑點之後大可以理解，對瑪麗亞的詆毀隨著時間必然被明顯修飾，好比藉助一份假文件（意指一份在《聖經》找不到相關文字的文件），為她杜撰一段童年歷史，揣測程度幾乎和她兒子的無垢不相上下。文件提及瑪麗亞在神廟裡接受天使的撫養，直到有一天鰥夫約瑟夫（解釋耶穌何以有手足）前來，宣稱願意守護她的處女之身。這個傳說當然只是轉移耶穌是否自女身降生的問題核心。

西元三世紀有個偉大的思想家奧利金（Origenes, 184-253），他找到最優雅的解答，反映出他個人對任何性愛和肉慾的厭惡。依照他的詮釋，若如《約翰福音》教示，耶穌乃是活生生的語詞，那麼懷生耶穌不可理解為肉體行為，而是應當想像成「聽」，就像透過耳朵接收。以此獨創解答，接下來的問題也隨之獲得澄清，因為要是有這種

西元 533 年 康斯坦丁堡公會稱瑪麗亞為永恆處女（aeiparthenos）。

耳朵受孕，那麼也可以想像耳朵分娩。這個說法偏偏成為主流學說：從一個耳朵進去，於是就從另一個耳朵出來。

即使以這個方式成功澄清婦科方面的問題，西元五世紀時，隨著聖奧古斯丁（Augustinus）以其學說鼓吹原罪，於是又出現一個新的問題，這回比較偏向人類物種的歷史。因為即使瑪麗亞身為個人或許完全沒有罪惡且守貞地活著，身為人類之一，她依舊承擔原罪。瑪麗亞的雙親，尤阿興與安娜，此時重新被神學家審視，因為如聖奧古斯丁的教導，原罪透過肉慾遺傳。這個思想銳利的聖徒區分身體行為（本身當然沒有可被譴責之處）和性慾——也就是身體行動引發的慾望。只有發生後者的情況下，才會將原罪轉移給下一代。藉助此一精闢區分，無染原罪教條這時獲得榮耀的結局——因為為了讓瑪麗亞遠離任何原罪，上帝避免讓誕神之女的誕生沾染任何邪惡情慾，就讓尤阿興和安娜在完全沒有情慾的情況下結胎女兒瑪麗亞。無染原罪的神

西元九世紀　《萬福光耀海之星》（*Ave maris stella*）這首曲子改寫瑪麗亞的名字，「瑪麗亞」源自 Mirjam，意為「苦澀之海」，這首曲子則將之變成「海之星」，海之星。藉助這首曲子，教宗得以將教會如船一般導引，穿過時間的波濤洶湧。

奇就在其中：最終不在於兒子的純淨，而是誕神之女的完美無瑕。

的確，依循教條的各個階段，只能對這般自由闡釋深深鞠躬致意——比任何空氣動力胸罩都更值得驚奇。至於這個說法的世俗後果是處女子宮具備不竭的生產力，中古世紀於是完全被瑪麗亞狂熱所席捲，所有的大教堂都以聖母（Notre-Dame）為名——當然還有仕女以及宮廷習俗的昇華，都是這種幻想的產物。但是文化上最重要的瑪麗亞崇拜是 Alma Mater（哺餵的母親），也就是中古世紀的「大學」。不僅因為大學源自大教堂學校（Kathedralenschule），學校被遷入聖母大教堂腹地，除此之外，歌頌誕神之女的知識份子也知道，他們守護女神的故事正蘊含大學課程的原則，不然為什麼要到大學上聽講課，期望在討論課重溫耳朵受孕的神奇，好讓自己能應答如流呢？

西元十二世紀　哥德時期，歐洲建立的大教堂只有一座獻給耶穌，幾乎其他所有的都以聖母此一稱號如 Unserer Lieben Frau 及 Notre-Dame 等命名。

勞動

宗教倫理的社會革命

在中古世紀，勞動還被視為可恥之事，因此中古世紀德文裡的「勞動」一詞最精準的翻譯就是**被剝奪繼承權者的辛勞**。同樣的意義也適用於古典時代，他們的「民主」只適用於有財產者，卻不涉及勞動階級。因此問題在於：勞動如何能變成價值，甚至變成社會的主要美德？

轉變的道路一如尋常——透過宗教。不僅基督教使社會藩籬得以被穿透，除此之外，沙漠苦修僧侶的鍛鍊和自我禁慾技巧也已經引出

西元 1147 年左右　熙篤會（Zisterzienser）信徒遷徙到勃根第。進入荒野生活是個創舉，和教團創立者想法一致，認為樹木是傾頹的柱子，在森林裡建立一座修道院，並嘗試重建樂園。

這種品德，今日一提到勞動就會說出這些品德：**自我犧牲**以及**紀律**等等。但是正如一燕不足以知春，對自我禁慾和隱居的興致並無生產力，無論如何不能凝聚成勞動美德，直到努西亞的聖本篤（Benedikt von Nursia）於西元六世紀建立第一個僧團才預示勞動美德的形成。對一個隱居社團制定共同的法則一點都不輕鬆，因此聖本篤不得不經歷他的同僚試著以毒酒殺害他。一起勞動和祈禱可說能鞏固群體，因此產生「**祈禱並勞動**」（ora et labora）這句口號（所承諾的獎勵是「上帝隨即伸出援手」）。即使本篤教會的口號將勞動和祈禱劃上等號，事實上僧侶的勞動比較具備象徵作用。

情況直到十二世紀才有所改變，當時歐洲初期的工業革命引起注意。人們得以溫飽，大教堂高聳入雲，市場在教堂庇蔭下蓬勃發展，帶給各城市前所未見的財富。在世紀中期，有個非常聰明的修士聖伯爾納鐸（Bernhard von Clairvaux, 1090-1153），他帶領手下僧侶避世而

西元 1150 年起　在牽涉廣泛的大教堂建築背景下，歐洲城市發生手工業的專業化，也造成劇烈的分工。行會（例如砌牆工〔Maurer〕，在戶外〔Freien〕工作，因此變成共濟會〔Freimaurer〕）就借用教團的規矩。

居，遷移到勃根第的陰暗森林裡。和社會及其誘惑隔離，僧侶想重建原始理想社會——而且應該用自己的雙手建立。出於這個因素，聖伯爾納鐸將古老聖本篤教會的方式變得更加極端，他的熙篤會僧團口號此後就變成：**勞動即祈禱**。這意謂著，教團僧侶的精神態度以其勞動成果及效率來衡量。

這代表著和至今的秩序決裂。以前適用的想像是人類從出生就被分配到社會的某個位置（**貴族**秩序），熙篤會的勞動秩序則表明，人必須努力工作以達到這個位置。具備決定性的並非貴族特權，而是個人確切且可證實的貢獻才重要。熙篤會因此克服將中古社會分成僧侶、騎士和農夫的僵化體制，以一個動態且可變化的社會秩序取而代之，這個秩序以增加能力為目的。僧侶的這個實驗的確非常有效，使熙篤會僧團在一個世紀之內不僅成為主導的精神潮流，還成長為經濟團體，在全歐洲建立超過三百六十個分支團體。熙篤會的一個分支聖

西元 1250 年起　越來越多雇傭勞動。好比熱那亞的紡織工業就有二十三道不同的工作步驟。

殿騎士團建立歐洲第一個銀行網絡並非偶然，其中形成後世所稱的**新教勞動倫理**——而且早於新教徒出現之前。精神的資本化，精神轉變成俗世的附加價值，必然不是聖伯爾納鐸的意圖，他應該比較算是生活實際的密契學家。但是熙篤會的歷史，以精神創新開展，終於成為世俗尤其是資本主義作為的體制，對勞動的轉詮釋相當具有代表性。一旦勞動被詮釋為祈禱，就相當於將精神投入視為生產行為，信仰被物化。因為信仰被物化，就變成可交易的商品，也因此有時被理解為**喀爾文教派**或**清教徒**的思維。熙篤會不過當作**自我體驗之旅**的勞動，被喀爾文教派推到極致，因為人類敗壞，唯一能將人類從完全腐敗當中淨化出來的只有勞動。於是，一切對立於勞動神聖性的（賴床、浪費時間、享樂）都是罪惡。有個現代哲學家曾說，**勞動是被壓抑的慾望**[1]。

勞動早在十四世紀就走出自己的路。例如有個人思考自己充滿罪

西元 1540 年　瑞士宗教改革人士約翰·喀爾文（Johannes Calvin, 1509-1564）提出勞動是生命原本的目標，而浪費時間則是最惡劣的罪。

惡的生活，浮現了一個有建設性的想法，想要參與神聖耶路撒冷的建設（這個故事中指的是史特拉斯堡大教堂）。當然，懺悔的罪人都一樣，他不要酬勞。這時期大教堂的建築已經明顯專業化，所有的工人都屬於某個行會或建築社（他們的崇高規章又可回溯至聖殿騎士團，因此也源自熙篤會）。這些原始工會不僅交涉工資，而且還可靠地讓所有未經認證的工人被排除在勞力市場之外。那麼要拿這個干擾工作秩序的志願者怎麼辦呢？答案簡短而沉痛：想重建自我靈魂的外來者在工地埋頭苦幹，但是只要輕輕一推——他就變成失業勞工了。

1 語出黑格爾，《精神現象學》（*Phänomenologie des Geistes*）第二十二章。

西元 1555 年　第一座勞役監獄在倫敦成立。在十四世紀燒死放高利貸者好讓他們贖罪，到了這時卻越來越將勞役當作懲罰及矯正措施。西元 1821 年甚至把人弄到踩踏磨坊上，美其名為舞蹈學院（dancing academies）。

鐘錶

理性的樂園或魔鬼的傑作？

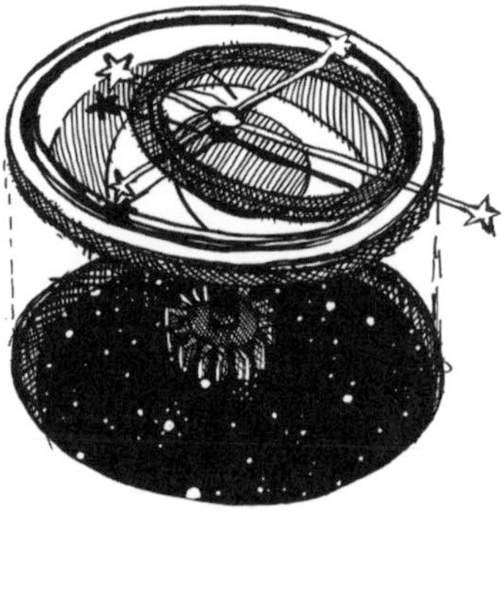

有個理論說，人類的所有發明都是身體部位的外延。根據這個理論，鐵鎚就差不多是延長的手臂，叉子是指甲的延伸，馬匹是尚未完全成熟的汽車[1]。無論如何，這個想法對某些人而言並不只是理論上誘人，還發展成生命規劃，甚至變成貨真價實的恐怖統治。好比有個女性朋友的父親，他宣稱自己腦子裡有個時鐘，每天早晨五點四十五分準時起床，用早餐，然後讓所有家人（還有屋子裡所有的客人）準時在十一點十五分吃午餐。他內在鐘錶的強迫性質或許變成通用法

西元 1190 年　中原僧人蘇頌[2]建造了一個劃時代的水鐘，將之稱為「宇宙之秤」（Waage des Himmels）[3]。因為內部問題以及蒙古入侵（西元 1271 年左右），這個發明從此停滯不前。

律，但上述理論卻有著嚴重的構思錯誤，一如從馬匹後方牽轡，完全搞錯方向。

在時間被放置到齒輪裝置內部之前，沒有人想過要制定絕對度量衡。於是中古世紀的一個鐘點在夏天長達兩小時，冬天只相當於一個半小時。時間流逝，就像沙粒在沙鐘裡，水在水鐘裡流逝。時間從所有生活真實面被解離出來，甚至開始獨立於任何世界之外而滴答作響（就像種平行現實），對時鐘出現之前的世界而言是那樣不可思議，正如生物學家想像某些種族的女性不因男性受孕，而是被惡魔播種懷胎一樣。但正是這種解離，或者有人會說，時鐘發明以前，我們以日月星辰轉動等等來劃分時間，直到現代才以機械運作而制定的時、

1 有個笑話是西方男性把汽車當成陽具的延伸。

2 應是作者誤解，蘇頌未曾出家為僧。水運儀象台（即「宇宙之秤」）原為張衡製作，後失傳，又由唐僧一行等人複製。

3 中文稱為水運儀象台。

西元 1220 年　科隆城市文獻曾提及一條鐘錶師巷。

西元十三世紀　水、風力磨坊和潮汐磨坊在歐洲到處散播。現今幾家大型集團企業（例如法國電力公司〔Électricité de France〕）的根基在於動力機械，被視為中古世紀工業革命的肇因。

分、秒來劃分時間。

但是，時鐘進入腦海之際，文化發生了什麼事？和家族獨夫的相似處的確無法否認，只不過哲學不以小家庭為滿足，而是立刻升級到宇宙統治的面向。自此之後，大自然被看作是活生生的齒輪儀器，而不再是一個複雜的生活空間。與此一致，笛卡兒（René Descartes）也提出「動物是機器」的論述——透露人們不再從身體，而是從機械出發想像。

鐘錶於十七世紀浮現在哲學家腦海那一刻，比鐘錶本身整整晚了幾世紀，由此可知機械鐘錶的歷史主要是個偉大的自欺時刻。事實上時鐘就像字母，都從歷史陰暗面升起，那一段被稱為**黑暗中古世紀**的時期。十二世紀某個時候，時鐘出現了，但是沒有發明人。即使有，時鐘發明的歷史也比較帶著童話色彩，其中的主要人物是葛培特．歐里亞克（Gerbert von Aurillac），也就是後來的教宗思維二世（Sylvester

II, 950-1003）。

據稱這個葛培特驚人的聰慧要歸功於一個阿拉伯魔法師，不僅被他引領進入星象學的神祕，而且在兩年之後就能理解鳥的鳴唱和飛翔。葛培特的老師薩拉森應該是個慷慨的人，他把所有的書都留給葛培特，除了一本出於謹慎而且帶點忌妒而私藏著。受到環繞這本書的祕密所激發，葛培特取得這本書並且逃走；他的老師發現書遺失，隨即追上，並從星象（就像衛星照片一樣）得知背叛學生所在地點。在這個情況下，葛培特獲得魔鬼的協助，從追獵者手下被救出，但是要以永恆忠誠讚美為代價。

這魔鬼的門徒回到法國之後，就開設了幾個學校，製作奇妙的東西來提高他的聲名：一個星盤，一只精巧的鐘錶，以及一部液壓管風琴，被風或是沸水所推動，進而發出旋律。為了自己，他完成了一個塑像的頭部，能在特定的星象下知道所有問題的答案。這顆頭只有在

西元 1364 年　喬凡尼．董笛（Giovanni de Dondi, 1330-1388）完成他著名的行星儀，這個儀器不只是一個時鐘，而是呈現我們星系的模型——因此也是個計算儀器。董笛的確不是簡單的鐘錶師，而是他那個時代重要的星象家。

被詢問的時候才說話，它對野心勃勃的葛培特提出的問題——他是否能成為教宗——給予肯定的答案。此外葛培特還想知道，他在耶路撒冷舉行彌撒之前是否會死去，這個問題等於問自己是否永生不死（因為沒有任何事能讓他前往耶路撒冷）。因為那顆頭給他否定的答案，葛培特打錯了算盤，忽略了在羅馬有座耶路撒冷教堂。最後當他在該處作彌撒，他預感死亡將近，為了贖罪就割掉舌頭，砍斷雙手。從此以後，每當教宗將死，葛培特的骨頭總是發出聲響。

歷史上的葛培特．歐里亞克的確是個學者，發明許多奇妙的機械器具，更新音樂的符號系統，想將零的概念引入數學，但是他和魔鬼締約的故事，就和他據說曾建立的祕密團體一般不可能。然而這個想法如此令後世動搖，十七世紀的時候還把這位教宗的遺骨挖出——沒有任何殘缺，而是完整的骨骸。所有這些聳動和陰謀故事所反映的是隨著齒輪器械帶來的怪異感，沒有生命的東西，完全不藉助人力，怎

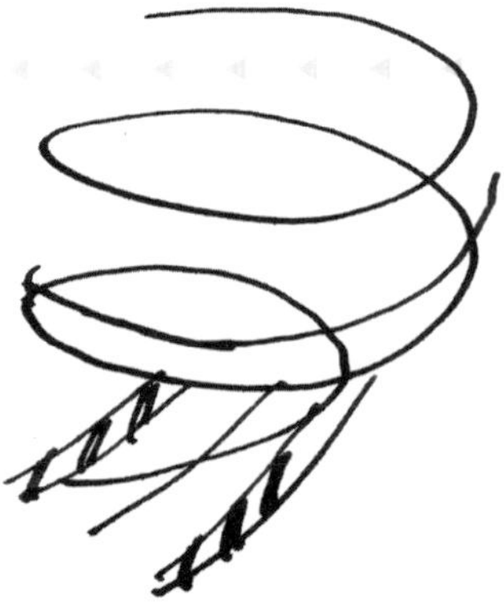

會自行作動？這種恐怖呈現在湯馬斯・阿奎那（Thomas von Aquin，也就是那聞名的中古世紀哲學家）所寫的一篇軼聞當中：他有一天敲著老師亞伯特・馬格努斯（Albertus Magnus, 1193-1280）的門，但是來開門的不是老師本人，而是個像人一樣四處張望的齒輪機械人——驚訝的阿奎那用他的手杖敲垮這個奇妙的機械。很久之後才流傳的布拉格傀儡故事，傀儡不受創造者的制止，三兩下把所有東西都打壞，也可以回溯至這股驚嚇。

因此和鐘錶相連結的事物非常矛盾，某個人視之為魔鬼的傑作，另一個人可能覺得那是純淨理性的樂園。不管是把鐘錶妖魔化，或者完全視之為純淨理性的產物，都必須提出一個問題，也就是這個自動機械何以能勾起這般的幻想力（拉鍊相較之下尚未讓人苦苦思索）。這個問題讓人檢視鐘錶的特殊之處，使它和其他技術成就產生基本差異。如果只說起機械鐘錶，就太膚淺了，鐘錶其實只是齒輪機械的特

西元 1360 年左右　尼可・奧里斯姆（Nicole Oresme, 1320-1382）寫下他經典的上帝證據，將上帝的創世紀和齒輪機械相提並論。

殊案例，齒輪機械則能用在各種可想像的東西上，可以用在樂器、玩具或是研磨機上。更普遍來說，齒輪機械是種萬用機械，原則上能涵蓋所有可想像而尚未發明的東西。史蒂夫．賈伯斯（Steve Jobs）對他的蘋果電腦所說的話，也適用於鐘錶：「電腦是解答，我們需要的是問題。」

因為可以期待運用這種機器解答世界謎題，十四世紀於史特拉斯堡和帕多瓦所建造的巨大時鐘具有宇宙特性，它不僅指出時間，還指示星球的位置。作為時鐘的一種，後來的教堂時鐘頂多也只是齒輪機械的不完整運用，只是能操縱人偶、鐘響音樂和日曆的齒輪設計。因為齒輪機械是種全才機械（就像我們今日的電腦），它從一開始就被理解為普遍秩序原則也就不足為奇。甚至可以說，中古世紀的思想家把親愛的上帝重新培訓成鐘錶匠，畢竟從那時起，任何上帝存在的舉證都會提及齒輪機械的卓越。不過從齒輪機械受重視的程度倒是可以

西元 1600 年　耶穌會士馬泰歐．里奇（Matteo Ricci, 1552-1610，即利瑪竇）前往中土，獻給皇帝[4]一個鐘之外，還有其他各種神奇的機械器具。因為皇帝身為天子乃是從時間取得他的合法性，於是命利瑪竇制曆，但是禁止傳播機械知識。

確認，中古世紀用於證明上帝榮光的一切，後來都被用來把上帝「讚到九霄雲外」——讓上帝只留在天堂，人間事務一概與上帝無關，因為如果大自然是部機器，而心只是一塊肌肉，少個上帝又何妨？

4 即明神宗。

國庫

國家賦稅權力起源

某天晚上，母親那邊的一個親戚W走到房子後面，把鞋子埋起來。他做這件事的原因並不複雜：國庫正追查他，根據他所申報的收入——雖然完全無法想像——他應該擁有一雙以上的鞋子。這檔事讓他晚上難以入眠，白天失去理智，終於把他逼得住進精神療養院。因為國庫那些瘋子——以W對他們的稱呼——熱衷於一切怪異行為，W深信他們的瘋狂終究只是假裝瘋狂，實際上他們正和療養院全力要把他這樣的逃稅者抓個人贓俱獲。

西元 1086 年　征服者威廉（William the Conqueror, 1027-1087）命令撰寫《末日審判書》（*Doomsday Book*），登錄土地所有人，不過也確立某些稅賦。但是一切都有些隨性，好比寡婦如果想再婚就要繳稅等等。

在他產生稅務迫害妄想這段期間，國庫無論如何隨時都在：寫在蒼白主任醫師臉上，坐在粗壯護理人員刮得乾乾淨淨的頸項上，躲在訪客室月曆後的牆壁裡，於是我只能低聲對他說出那個好消息，我們可望找到一個好的稅務顧問。此外，W是個很順從的病患，按時吃藥，並且努力自我掩飾得非常成功，總之他的痊癒過程快速推進。療養院醫師們將之歸功於藥物的療效（治療的「三位一體」：阿米替林〔Amitryptilin〕、西帕明〔Desipramin〕、米帕明〔Imiprimin〕），不過我倒認為原因在於稅務顧問穿著的風衣和他的一樣，但是誰知道呢。反正W被診斷痊癒出院，走到花園裡，把他埋起的寶藏挖出來。雖然鞋子（因為這段時間幾乎不間斷地下雨）再也不能穿，但卻逃脫被追稅的命運。

和W先生的故事相關的問題是：就連封閉療養院的四壁都無法阻擋的巨力究竟是什麼？這股稅務迫害妄想從何而來，不僅影響到

西元十二世紀　產生有關國庫本質的激烈辯論。國庫等同於國家（res publica）嗎？或者國家只是受益者？屬於誰？諸侯是所有人，或者它屬於公共利益管理人？最後，國庫是否終究為獨立機關，足以超越個人生命？

W先生，還把比他更年長的先生們變成需要照顧的幼兒，沒有主意，不知如何是好，他們抱怨國庫就像埃及人控訴蝗蟲一樣，時至今日則歸罪全球化。回溯這個詞平凡的初始，被視為有如大自然力量的國庫根本沒什麼好說的。因為拉丁文 fiscus 的原始意義是**編織的籃子**——轉義則是皇帝的財庫，裝他的私人財產用的。但因為這個財庫大部分時候都空空如也，把這個容器想成澎風的泡芙會比較適當一點；無論如何沒有人想到賦予這個東西超越世間的力量。沒有人會在無眠的夜晚因為逃稅而輾轉，如果凱撒想改善他的財庫狀況，他只需要粗魯暴力且擁有適當裝備的稅吏。

那麼，國庫是怎麼昇華成某種精神的？要想回答這個問題，建議讀者設身處地想像身陷中古世紀封建諸侯的困境。封建制度的十一稅[1]不僅是種容易理解的徵收規定，還是個稅賦天堂，足以讓單一稅制（flat tax）擁戴者湧出狂喜的眼淚。臣民的幸福卻是諸侯的悲哀：他必

西元 1290 年　愛德華一世（Edward I, 1239-1307，外號蘇格蘭鐵鎚）的歷史呈現中古世紀諸侯的兩難困境。愛德華一世為了資助一次十字軍東征，向威尼斯銀行借貸。他返回英國，嘗試向眾爵士徵收特殊稅…

須面臨沒有足夠的金錢可支付公眾的需求，如道路建設、捍衛領地的支出等等。雪上加霜的是，統治者越來越受到貨幣的牽制。從前可以用天然產物進貢，現在神經質轉動的時鐘改變這種慣例，將時間變成金錢。此外，所有城市（所謂的帝國自由城特別行政區〔Freie Reichs-städte〕）都利用十一稅這個機會，以單一支付一舉根本擺脫上貢義務——所產生的效應是封建系統越來越像瑞士起司一般，坑坑洞洞而不再紮實。

法學家們立刻鑽進這些洞裡，讓國庫轉型，因為法學家在這個時代向來也是神學家，歸功於基督教，剛好有個意象適用，亦即兩個國度的思想，天堂和人間。根據這個學說，國王以上帝代理的身分管理人間，因此冒犯世俗統治者的罪行（也就是不繳稅）不僅破壞秩序，

1　十一稅，即以收入十分之一徵稅。

…爵士們相對地要求擴張國會權
——以及驅逐猶太放高利貸者。
中古世紀反猶太運動從該措施進
入一個重大階段。

還被烙印上逃稅罪名。無論如何，這個被**神聖化**的要求不是那麼容易貫徹，因為和天堂力量不同，世俗力量不可能無所不在。為了彌補這個缺失，法學家就賦予虛幻的國家財庫生命，將之誇大成一個獨立生命，就和基督一樣無所不在而且永恆不朽。在他們的論述謊言裡，國庫不再是物，甚至不是俗世的力量。從這時起，國庫就像有原創性的法學家所說「無所不在而且就像神一樣」。在天堂與俗世的權力分配之下，基督與國庫齊頭並列，可以說：**基督沒取走的，就由國庫取得**。公眾之手的幽魂以國庫的形式籠罩整個國度，從不沉睡，沒有人能逃過它的警戒。

把每個人變成有負債義務，而且使該義務恆久又普遍的公眾之手，其實比國王本身更強大。將祖國和國庫劃上等號並非偶然，原本只是卑鄙財神的錢袋變成某種神聖之物，比國王還崇高。這種轉變的確彰顯國庫概念的機巧，因為國王或許藉國庫技倆解決缺錢的煩惱，

西元十四世紀　法學家巴度司・烏巴蒂斯（Baldus de Ubaldis, 1327-1400）使國庫學說更加完美。

同樣無疑的卻是皇冠可說淩駕國王，令他無法負荷：正如國庫以普遍債務意識控制納稅義務人的國度，國家財產則像皇冠一樣超越國王本身，於是「**以國王之名**」可禁止在位者浪擲國家財產於個人娛樂，或者——可說為了維護國家財產，解除瘋狂統治者的職務。

如果真要說，W先生就是從國庫昇華成一種概念而開始發瘋的。因為國庫無疑不再是物體，而是個沒有實體的主宰，從瓶子裡逸出的精靈。隨著國庫，有個概念出現在世界舞台，也就是法學家所謂的法人，和自然人明顯區隔。如同基督，法人也被理解為不朽不死，所以不能要求它付遺產稅。建構此一世間不朽之物不只讓法學家高興，也讓企業開懷，它們按照國庫模式成立有限責任公司或是這類的東西，隨時取用中古世紀神學家就已經想出來的概念。若說這些企業的意義比較在於超越個人生命而存續，那麼今日法學家則主要致力於和國庫幽魂打交道，這個幽魂的意義只在於為了保持其表面作為而讓另一種

西元十一世紀　隨著國家的鞏固和建立常備軍隊，普遍徵稅的想法被貫徹實施。國家在這之前只能藉著偶爾稅收，好比出售專售權等，才能獲得資金。

企業／社會流血至死。

一個養馴出來的想法失去控制會有多棘手，從中古世紀法學家當中最聰明、尤其是承認國庫神聖的烏巴蒂斯（Baldus de Ubaldis）就可看出：他被自己養的狗咬傷，據說就和他的小狗一樣死於狂犬病。

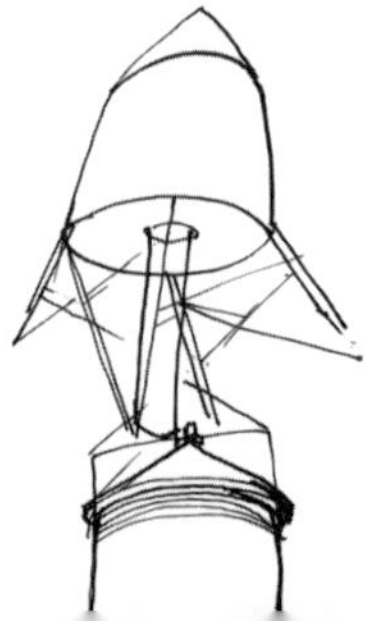

想像力

埃克哈特的自我意志學說

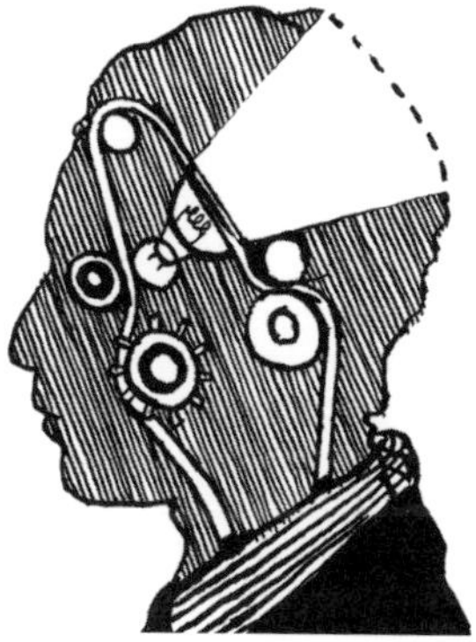

中古世紀大教堂將天上的聖城拉到人間，有人（比如說聖方濟各〔San Francesco d'Assisi〕）開始模仿演出《聖經》裡的故事（用牛和驢子），可說是中古世紀的實物化期望。因為一切（如在天堂，如是人間……）都應該變成現實，神學家展開一場非常奇特的辯論。他們主張，晚餐發的小圓餅並非基督的身體象徵，而是軀體本身，酒則在神職人員說出禱詞之際就轉變成祂的血。就象徵化成實體血肉的神奇轉換，圍繞實體化的辯論當然主要可詮釋為神祕物質主義的展現。人拿

西元十二世紀　哥德時期自認是現代藝術時期（ars moderna）——也真的產生一連串的新藝術形式：遊走的歌手出現在城市裡，還有吟遊詩人和情歌手（Minnesänger）。亞瑟圓桌武士或尼布龍根指環的傳說流行起來，新的神話被創作出來（好比堂吉訶德奉行的騎士小說和試煉）。

取貨幣和利息，把親愛的上帝教化成鐘錶師——仔細看就發現當時的大教堂實在是個商業場所。

中古世紀的這種實物化狂熱同時卻也造成反彈，激發不以現況為滿足的想像力。人們開始寫小說，發現宗教的隱身衣底下絕對能為新走向創造空間。物質主義散播越廣，中古世紀就越挖掘出想像力。此處可以舉出吟遊詩人或是騎士小說作者為例，但是我想提醒大家那個把想像力學說帶到世間的思想家——埃克哈特大師（Meister Eckhardt, c. 1264-1328）。埃克哈特的確是中古世紀的特殊神學家，他被稱為**大師**，表示他是個碩士，也是個大學講師，在不同大學城授課：巴黎、艾爾福特、史特拉斯堡以及科隆。當然，他的學說前所未聞，因此除了受到吸引的聽眾之外，也為他招來一場宗教審判。

就以埃克哈特的**自我意志**學說為例：因為人是神依其外型創造出來的，人就具有某種上帝形象，以上是普遍認知。嶄新之處是埃克哈

西元 1200 年左右　第一個有名有姓的作曲家，佩羅坦（Perotinus Magnus, 1160-1230）登上舞台，結果音樂和弦誕生，讓分部聲音得以越來越自由流動。

特大師將上帝形象詮釋為某種活生生的東西。因為人身上這個隱藏且內含的上帝比較不算是種形象，而是一種神性的想像力，想要展現為內在發光體，如果無法成形，原因只在於人類的意志與之對立。人一旦放棄自我意志，神的天性必然散發於人的內在（「人順從地跨出自我，擺脫他自己，此時上帝必然再度進入其中」），這個學說因此幾乎具有佛教特質。但是這麼一來出現的問題卻是：這會將個人引導多遠以及通往何處呢？這條路通往上帝似乎一清二楚，同樣的，也會走向上帝的理性，後果當然超乎尋常：因為埃克哈特大師不只宣稱「上帝即智慧」，他宣稱個人如果精進擺脫自我的技巧，本身就會變成上帝。

也許必須讀幾頁這個驚人思想家的文字，才能掌握他語言力量的意義，理解他以幾行文字所展開的空間。例如他從使徒故事擷取單獨一個句子，敘述迫害基督徒的保羅在大馬士革街上被一道閃亮的雷擊

西元 1200 年起 對聖母瑪麗亞的崇拜轉嫁到活生生的仕女身上而成的情歌，就像想像力電池一樣運作，源源不斷。如果瑪麗亞被視為「無瑕的鏡子」，那麼情慾就被投射到…

中，文中寫著：「保羅倒在地上，什麼都看不見。」埃克哈特大師怎麼用這個句子呢？他以一種令人暈頭轉向的方式深究這個句子，其一，這個句子說的只是這個好人生理上眼睛炫光，什麼也看不到。其次，不能看見就被提到形而上的層次，保羅看到：虛無；然後——然後他除了上帝什麼都沒看到。除了最後令人屏息的逆轉，還有什麼能讓他的四重虛無學說更完整呈現：他把上帝看成虛無。這個想法無疑不能打動粗神經的人，他們譴責他，認為他的說法異想天開，自詡他的「小指創造了一切」[1]。

1 語出埃克哈特受審時的辯詞，他當時撤回一切曾說過的話語，並舉「我只用小指就創造了一切」一句為例，辯解其中的「我」所指並非他個人，而是指上帝。請參考庫爾特．魯（Kurt Ruh）所著《埃克哈特大師，神學家、修士和密契學家》（*Meister Eckhart: Theologe, Prediger, Mystiker*, 1989），頁一八一～一八二。

…某個幻想女性對象上。此一發展的頂點是弗朗切斯科．佩脫拉克（Francesco Petrarca, 1304-1374）寫給蘿拉的情詩，蘿拉是他只看過一次的年輕女性，在某個耶穌受難日。

中心透視

空間與統治的共通語言

隨著中古世紀推進，繪畫逐漸產生變革，突然間看到的不再是典型的形象，之前人物彼此相像，宛如他人的畫像，這時看到的卻是無可混淆的臉龐。每一條皺紋，任何微小的不勻稱都依照原樣重現，因為這一切都在強調肖像人物的個體性，畫家也自傲於其技能而開始在畫作上署名了。臉變成某種景色，景色於是也獲得新的面貌——兩者共同代表新型繪畫的**自然主義**整體趨勢。我們對**真實**、**自然**或**客觀**的概念的確和繪畫緊密相連，真實的認證其實一直都指向中心透視圖畫

西元 1250 年起　聖方濟各開始模擬演出《聖經》裡的場景。從中古世紀的耶穌受難劇發展出戲劇意義，使舞台藝術重新活躍起來。為了防止完全解放想像力，就限制這些慶典戲劇演出長短。宮廷慶典又產生另一種全新的藝術形式，好比芭蕾舞（1581 年起受到承認）或是歌劇。

——每當我們說起最新電腦遊戲的照相寫實主義（Fotorealismus）[1]，即知該認證方式今日依舊適用。

從技術面看來，真實和中心透視之間的關連非常明顯。從一開始，中心透視圖就同時也是畫面處理機，不僅使用暗箱，還有其他這類可攜帶的裝置——風景畫家於是大白天站在暗處，複製光線在投射平面上的投影。畫家掌握的中心透視觀點被視為藝術性的：中心透視的第一個理論家雷歐・巴提斯塔・阿貝提（Leon Battista Alberti, 1404-1472）因此就說圖像都是「點」所形成——今日可能會說一幅以像素組成的圖。阿貝提直言建議畫家，如果他們想呈現金黃色，那麼不要使用金子，而是以金色調做出效果。因此被用於透視圖的專有名詞相當傳神：Trompe l'œil，錯視畫法。這種幻象主義非常強而有力，讓人產生一種置身所描繪空間之中的感覺。

薩佛納羅拉修士（Girolamo Savonarola, 1452-1498）就針對這種模

西元 1270 年起 製圖學開始發展，讓歐洲人得以跨越一再增加的距離。

擬技巧，在十五世紀末（也就是偉大的文藝復興藝術家米開朗基羅和達文西活躍的時代）呼籲佛羅倫斯的人民迷途知返。他傳道說，這種圖畫模擬自然，卻是虛假且人造的自然，因為缺乏生命，沒有上帝的氣息。薩佛納羅拉把這些新型圖畫視為魔鬼的作品，當作人把自己提高到上帝位階的某種遺傳學形式（自以為是上帝的繼承人），那麼這正是新透視法納入新世界觀的跡象。因此，聖人頭上所戴的金色光環看起來就像異物也就不足為奇——即使把它歪斜成虛假的三度空間物體依舊如此。中古世紀的地平線，當時人們原本都把它想像成垂直的，被當成接近或遠離上帝的標準，這時都被攞平了。接著人們探索空間的深度，在奇妙的黃金國想像裡尋求救贖[2]。有個藝術史學家曾

1 透過照片而非直接目視來擷取視覺訊息，再加以創作的藝術形式。

2 黃金國（Eldorado）是個古老傳說，據說南美部落族長會把全身塗滿金粉，然後到山中一個很深的聖湖中滌淨，不就很像西方基督宗教的「受洗」儀式嗎？

西元 1360 年左右　全才學者尼可·奧里斯姆在他的著作《貨幣貶值論》（*Traktat über Geldabwertung*）當中設想了一種呈現中心透視的理想國家形式。

貼切的下了註解，**文藝復興發現了世界和人類**。

但受到影響的不僅是畫家，還有整個中古世紀社會——因為隨著圖畫的消失點，超越已知地平線的渴望於是浮現。中心透視也在其中扮演基本角色，以空間掌控的技術形式而言，它畢竟是快速開展的製圖學的基礎（因此也成為偉大探險家的根基，好比哥倫布、達迦馬〔Vasco da Gama, ?-1524〕或是迪亞斯〔Bartolomeu Diaz, 1450-1500〕，他們的探索超越已知的地平線）。十八世紀時，中心透視法還不是那麼普遍，卻因成為高等社交場合無聊仕女的娛樂而被傳授，就算是一臉陰沉的土耳其將軍，也非得旅行到巴黎去接受教育，學會這種掌握空間的藝術。中心透視以這層意義也代表一種統治者語言。

這時的中心透視不僅是繪圖技巧問題，還可輕易看出這個技巧和政治有非常緊密的關連：我們的政客也總是說他們採取某個立場，建立某些觀點，確立周邊條件等等，這一切也是一開始就和中心透視息

西元 1421 年　布魯內萊斯基（Filippo Brunelleschi, 1377-1446）在佛羅倫斯大教堂做實驗，發展出中心透視法的數學算式。

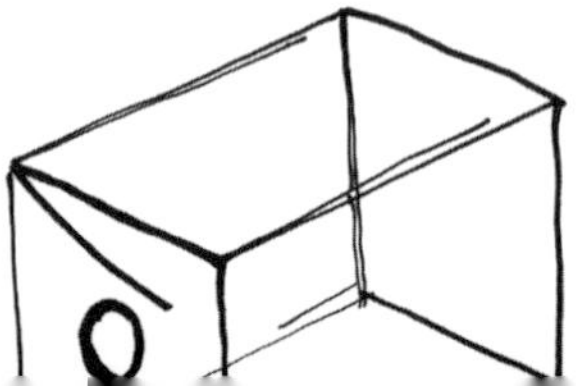

息相關。驚人的是，中心透視法在十四世紀根本不涉及繪畫，而是和**金錢**問題相關，可說旨在將諸侯變成群體的僕人——透過放射狀指向諸侯的群體而加以控制（例如呈現在國會預算表決上）。因此路易十四以中心透視模式設計他的凡爾賽宮殿並非偶然。中心透視在政治上是權力和代表者的語言。太陽王，所有軸線趨向的那一點，他或許會說自己是實體化的國家（**國家即是我**），但換個方向說，他畢竟呈現為群體利益的消逝點。

西元 1500 年　達文西在他的《繪畫書》（*Buch über die Malerei / Trattato della pittura*）中，將繪畫當成最先誕生的藝術，音樂則是它的妹妹。這凸顯了繪畫的新訴求，因為繪畫原本在中古世紀並沒有太大的意義。

印刷

書籍社會的誕生

十五世紀四〇年代，麥茲的印刷師約翰．古騰堡（Johannes Gutenberg, 1400-1468）設計了活版印刷——在半世紀內，所謂的哥德歐洲（gotisches Europa，也就是到處都蓋了大教堂、建立大學的時期）大學進行書籍複製。十四世紀，一座有十四冊書的圖書館就能聞名全國（而且不無道理，因為單一本書的價格相當於工人一年的薪水，裡面還有豐富的圖片），十五世紀末就已經有超過一百萬本機械印刷的書籍流通。

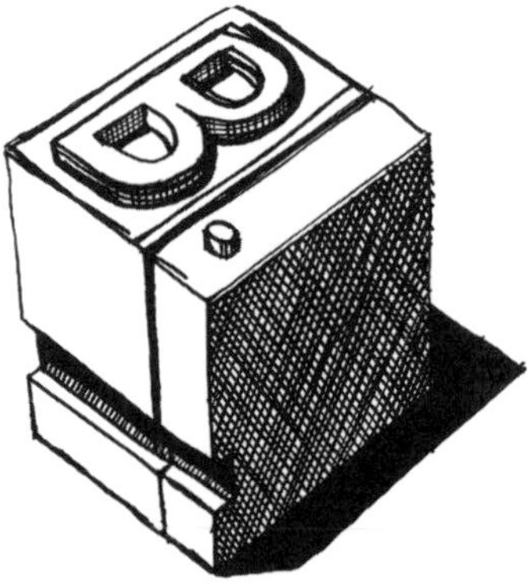

西元 1525 年　阿柏瑞西特．杜萯（Albrecht Dürer, 1471-1528）發表他的著作《以圓規和直尺測量指導》（*Underweysung der messung mit dem zirckel un richtscheyt*），這是中心透視的第一部數理幾何學總綱。

要是專注在偉大個人身上，也就是凸顯單一行為者古騰堡的發明，那麼就會慢慢明白，這項發明毋寧是個漫長發展的累積點。此一發展的開端在十二、三世紀，歐洲繼齒輪技術之後，到處都建立紙張磨坊，破布在磨坊裡轉變成最細緻的紙張。這大幅降低了複製書籍的成本，從前為了製作單一本書（以羊皮或牛皮——小牛腹部的皮製成），必須犧牲一整群家畜。大學的建立也促成書籍流通。人們發明所謂**分冊**系統，手稿不再整本由單一謄寫人繕寫，而是分成個別片段，交給不同的謄寫人抄寫。以這種方式能明顯加速手抄的過程。因為對手寫稿的需求相應增加，從一四一〇年起，書籍就以木版印刷。

於是我們不禁要問，古騰堡究竟做出什麼特殊貢獻，他所使用的活版畢竟早已被用在螺旋壓力機上。以某個觀點來看，說古騰堡發明活版印刷算是正確方向。除了他把所用的鉛版設計得同樣大小，也就是使它們得以被運用這個事實以外，他的創新在於冶金學：他以極堅

西元 1452–1545 年　麥茲人約翰．古騰堡印出他的《聖經》。新的程序需要加以習慣，因為一如尋常，僧侶主動前往審查這些書每一本是否有錯誤。

硬的鋼製作沖床，又用這個沖床以較軟的鋼做出鏡像而且刻痕深入的沖模。這個空心的模被注入液態鉛，冷卻之後成為鉛版。這個過程之所以如此成功，乃是因為多次反覆翻製可以製作出任意數量的同型鉛版。這正是從前為了應付較大印量所用的木版印刷的極限：印刷過程越頻繁，印刷品質就越差，因此產生我們今日在技術再製方面所說的**世代損失**。可替換的鉛版相反地產生一種表象，讓人以為符號世俗而永生。

未被當時的人們忽略的這種陣列沖床新技術，幾乎等同於克服技術原罪[1]，而且還符合聖母無染受胎的想像。以《聖經》那一幕當作圖畫主題，亦即天使出現告知瑪麗亞將誕下男嬰，來讚揚製書新技術並非偶然。雖然從教條歷史得知事涉耳朵受孕（經常看到一小束光線指向聖母的耳朵，聖嬰基督乘坐其上），即使如此瑪麗亞還是常被畫成正在讀書——畫面上所有人物基本上都捧著本書。因此如果想了解

西元 1483 年　鄂圖曼帝國蘇丹巴耶塞特二世（Bajesid II, 1448-1512）以死刑禁止使用機械印刷術。

書籍社會的轉變，只消看看這些圖畫就夠了。

然而，就精神面向而言，書籍印刷有個奇特的現象：即使知道印刷的過程，但它卻無法散播到世界某些地區。在中土地區，活版印刷比古騰堡的發明早幾個世紀就已經流通。導致機械印刷在中土沒有未來的原因當然在於紙張由皇帝配給，連帶知識也被上位者控制。除此之外，對漢文書寫系統而言——超過幾萬個符號——活版印刷並不特別實用，排版箱一定非常多。比起中土印刷術的停滯，更值得注意的是自願避免使用機械印刷，好比在俄國，或說整個受到當時拜占廷帝國影響的地區，這些地區充斥的是宗教性的抗拒。俄國人在十七世紀還討論，除了《聖經》之外，印刷其他世俗書籍是否會使《聖經》失去其神聖性。阿拉伯世界，長久以來早已接觸歐洲技術，則有著更深

1 指木板容易損耗。

西元 1500 年左右　這時候已經有 250 家印刷廠，以百萬本印刷的書籍席捲歐洲。因為連載騎士小說阿瑪迪斯系列（Amadis），產生一種新型文學：通俗小說（Trivialroman）。

刻的抗拒。第一部完全以阿拉伯文印刷的書籍是一本祈禱書，印製於一五一四年——在義大利。直到一七一四年只有十七本阿拉伯文書籍，全部都只有小印量。直到十九世紀初，埃及才獲得一部印刷機。

西元 1550 年左右　安特衛普書籍印行人普蘭汀供應書籍給已開化的歐洲，他的工廠爭取提名成為第八大世界奇蹟。

個體

擺脫群體與道德的束縛

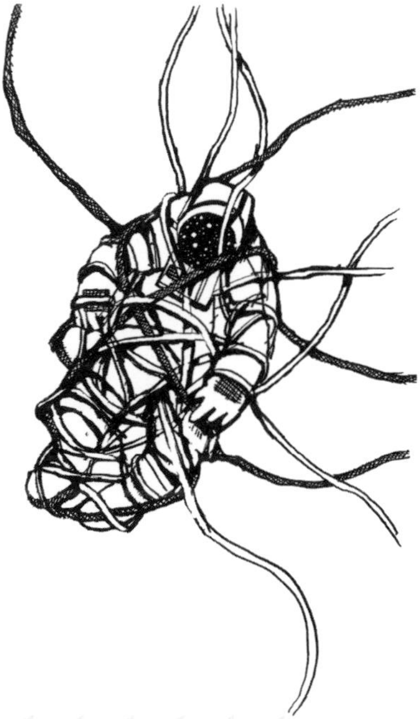

人們相信蚯蚓能再生，對於個體（Individuum）這種想像卻覺得相當荒謬，因為個體——正如該辭彙表明——應該是無法分割的最後單元。就算蚯蚓並不能阻止生物學家宣稱個別生物是個體，還是得說個體在歷史上絕非不證自明，而是在長久且逐漸發展到最後才形成。無論如何，群體生物先於個別生物——個人發現個體性之前，都受制於傳統和氏族的法則。在中古世紀，人們還用「以父之子」的方式來命名，如強生（Johnson）、斯文生（Svensson）等等，該時期最具批判

西元 1336 年　詩人弗朗切斯科・佩脫拉克（Francesco Petrarca, 1304-1374）登上凡圖山（Mont Ventoux），是第一個為了登山而登山的人。

性的思想家抱怨，當他們想要寫下自己的想法時，都必須假借老大師之名。這樣的傳統或者出於卸責而形成，但它本來就是值得注意的事情，畢竟永遠無法確定老大師是否只是思想隱身布，所有未曾聽聞想法的孵育巢——但這是段引到反方向的歷史。因為隨著個體產生的問題是：古代的白癡們或是「自烤麵包」（Eigenbrötler）的人——獨來獨往的人，怎麼會變成榮譽稱號？個體究竟是什麼？

發明個體的想法當然是事後諸葛。沒有人某天早晨醒來，然後說：嘿，我是個體。即使真是如此，他也還需要其他人的認同。簡言之，他必須在**個體文化**當中醒來，個人在這個文化中有權以自己的名字揚名立萬。但是這個權利讓他擁有何種能耐？第一想必是可以用這個名字簽署票據，或是在畫上署名（就像一四三四年第一個這麼做的畫家揚・范・艾克〔Jan van Eyck, 1390-1441〕）。

回顧一下，個體文化乃是以某種擺脫束縛行動為基礎。個人不僅

西元 1346/47 年　瘟疫傳入歐洲——隨著瘟疫，社會變得疑心疑鬼。出於被傳染的恐懼，開始私人化的傾向，好比建立私人聖壇之類。中古世紀的群體意識退讓於新型的個體性之後。

要擺脫血緣和傳統法則，還必須達到思想自由，才能從中看著自己的生命像觀看一幅圖畫。這種自由也不是自然發生，而是從一股潛伏的激流湧出，在文化內部膨脹，直到有一天以前所未見的巨大力量突圍而出。我們習慣將個體的發現時間定在文藝復興時期，那麼所指的一定是這股爆發力。也許這個洪流的源頭在於個體靈魂救贖的應許。神父們或許開始討論女性是否具備靈魂，最後畢竟宣布靈魂的不朽及個體性。基督徒的個體主義起初和神聖的簿記相關，個體主義畢竟還是具備非常實際甚至特別政治的一面。在希臘城邦常見，剛守寡的女性可說被視為群體物品，接著就讓她下嫁給亡夫的兄弟，在基督宗教圈裡，如果她宣稱從這時起想在美好的與世隔絕之中生活，至少就還能平靜享受寡婦生活。這樣的個體主義對古代而言非常可疑，因為當時的群體精神享有最高地位——出於此一因素，為了他們的個體主義，基督徒在羅馬被視為國家敵人，並且受到迫害。

西元 1380 年　肖像畫家獲得越來越大的空間，圖畫形式的發展一開始就以想像的深遠風景前的半身像為特色，最著稱的例子便是《蒙娜麗莎》。

因此如果把個體想成某種太空人，擺脫一切牽制，這樣也許比較精確：斷開大自然和社會的聯繫，擺脫宗教的束縛。從個別字詞歷史可讀出的正是這樣的鬆綁邏輯：virtù（道德，我們的「虛擬」〔virtual〕實境就是從這個字演變而來）可回溯至中古世紀的 virtutes——七大美德：四種古典美德（聰慧、正義、勇氣和節制）加上三種基督宗教美德（信、愛、望）。但是這個字的原始意義來自拉丁文的 vir，意即男人。因此可見，士兵理想形式如何轉化成基督宗教美德，然後可說又由此私人化。virtù 再也不具備社會約束力，只頌揚個體。順著這個發展，這個字變化成 Virtuosität（精湛技藝），推崇稀有之花——藝術，這個概念當然也適用於生命，因為藝術名家（Virtuosen）使個人天賦達到前所未有的高度，成為新時代的模範——社會引為方向的明星。因此個體文化是發明家和探險家的時代，一個充滿動能和行動慾望的世界，跨越地平線，在新天地尋求他們的幸福。征服者科爾特

斯（Conquistador Cortez, 1485-1547）一踏上美洲大陸就把他的船燒掉，這一幕可被視為無止前進的暗喻，使歐洲人不停探索世界其他地區。

然而，隨著靈魂救贖越來越民主，個體性就日漸變成陳腔濫調，可能和非我、他者、陌生人——以**遠視角**——更加進入視野之中相關，但是我們畢竟活在個體性變成首要公民義務的社會。於是虛無大師們不停思考如何凸顯個人形象，以表現他們獨一無二的特點。把這個矛盾之處最精準表達出來的或許是那個喜劇演員，他曾說自己決不會加入會員都是像他這樣的人的俱樂部[1]。

但是也許可以把這段歷史說得完全不同，例如有個教授，他平常忙著思考冷門主題，好比為何中古世紀甚至對動物興訟，判一隻豬因

1　語出美國喜劇演員格魯丘・馬克斯（Groucho Marx, 1890-1977）之口，原文如下："I don't care to belong to any club that will have me as a member."

西元 1600 年起　把個體想像當成義務可由其黑暗鏡像史清楚看出：瘋子。中古世紀的村落或多或少都有些瘋子，1600 年之後逐漸將瘋子集中看管。從前拘禁痲瘋病患者的場所，這時則關著被宣稱為精神錯亂的人。

殺害幼童應處以吊刑。但是某一天，也許為了讓自己休息一下，這個教授前往動物園，看到一群人站在猴子籠四周，他走近一看，發現這些人正注視著兩隻猴子交配。周圍籠罩著可疑的靜默，教授想著，就像在教堂裡一樣，因為他覺得這幅景象實在太詭異（不在於交配的猴子，比較在於有如祈禱般的圍觀），忍不住爆出一陣大笑。旁邊的人於是惱怒地舉目四望，站在前面的男人衝著他的臉惡狠狠地迸出：

「您這隻豬！」[2]

2 此為德國人常用的罵人之詞。

西元 1714 年　哲學家萊布尼茲（G. W. Leibniz, 1646-1716）寫下一篇沒有標題的單子（Monade）論文：單子是形成世界的最終單元，因此成為個體的理想形象。

零

一種面對世界的態度

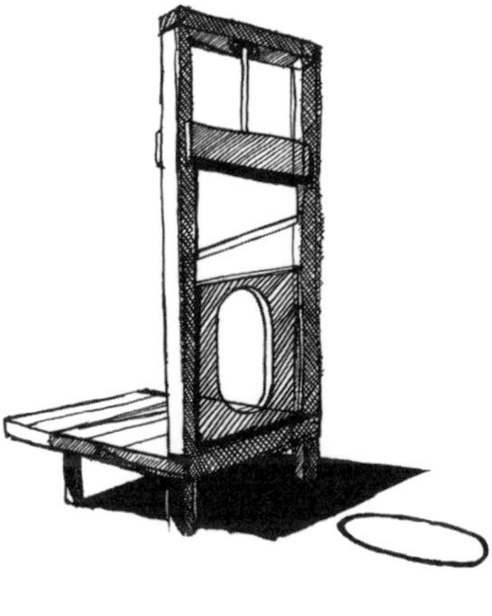

如果在學校曾經學到些什麼，那麼必然就是不能提出某些問題，好比為什麼不能以零當除數。禁止這麼做——就是這樣。但是因為本書討論的就是這類的問題，當然少不了把零拿出來討論——更因為零不僅是我們數學系統的指標，還變成新的精神坐標系統的零點。怎麼發展到這個地步，當然，一如尋常，有個複雜的歷史，尤其是一段數字意義不斷轉變的歷史。人們在計算的時候一定都會知道，好比三減三不會剩下任何東西。無疑的，古代希臘人要是問他的孩子，那麼他

西元十世紀 把零當作十的次方數的阿拉伯數字傳到歐洲。

得到的答案不會是零，只會是模糊的一句「你知道的」。沒有字詞代表零，這種情況或許不會妨礙減法，但是缺乏概念名詞卻會讓自大的學生想到把某個數除以零。此外，希臘人計算的時候根本不用數字，而是用字母，A代表1，B代表2，等等。

零誕生的時刻，還有我們的十進位系統，都發生在世界的另一個角落。西元前三世紀，印度人開始把點放在數字後面表示十的次方數。這些點代表印度人用來指稱虛空、天空或是宇宙穹蒼的那個語詞。雖然允許將虛空納入考慮可以計算很大的數字，但零畢竟不是數，和其他數字並不在同一層級。直到許多世紀之後，人們開始問，如果某數加零代表什麼意思。但是因此獲得的知識——也就是毫無區別——和我們想像數字軸時出現在眼前的畫面毫無共通點：軸線上零的左邊是負數，右邊是正數。我們從坐標系看到的這個數字連續性，都和零最後而且偉大的變形有關。

西元 1202 年　數學家費波那契（Leonardo Fibonacci, 1170-1250）在他的著作《數珠之書》（*Liber abaci*, 1202），首度系統性說明阿拉伯數字系統。他在此書對形成中的貨幣也做出回應，書中有一部分專門介紹貨幣兌換和利息計算。…

在這場變形記當中，穹蒼、熱空氣，也就是零，變成能量原則，甚至可說變成發動機。讓我們舉個例子。在中古世紀，如果要把兩個無法分解的值相比較，還不能宣稱2比4等於0.5，只能說2比4就和3比6或5比10一樣。除法運用的是可稱之為**類比的法則**——並且不僅涉及數學而已，還牽涉到某種世界觀。同等事物以相同方式處理，於是人們嘗試用蕁麻（Brennnessel）[1]茶治療發炎。因為小宇宙和大宇宙一致，沒人想到把A和B的關係以第三種對比方式來取代。這麼做可能有幫助的想法，非常緩慢地才被接受，因為在缺乏絕對標準之下，每次都必須運用新的標準，然而引進零的概念就引進一個全新且絕對的數值。我們以三角形為例，將各邊加長，可說把這個三角形均等放大，各邊雖然變長，但是三角形的一般形狀維持不變。十五

1 字面有燃燒之意，即咬人貓／蕁麻，發炎也和燃燒相關。

…威尼斯的銀行家於1299年卻還被禁止使用阿拉伯數字，直到十四世紀（隨著放貸業務的流行）才開始通用。

世紀的哲學家尼可勞斯·庫斯（Nikolaus von Kues, 1401-1461）有鑑於此寫了一篇引人側目的文章，文中表示應將目光從可見的物體移開，轉而將物體視為數字的呈現形式。他認為我們可以將圓的半徑想成無限，那麼就會看見一條直線，這條直線又可以轉譯成數值。任何三角形的確可以簡化成正弦和餘弦值，一旦取得這個值（全部分布在零與一之間），可說就有部機器可製造出所有可想像的三角形。零於是帶來創造性，將穹蒼、古代的熱空氣，變成一部機器。

就是這股可駕馭許多客體的創造性力量，讓長久以來抗拒零的阻力消退，這些阻力可多著。因為如果有個數值一旦和零相乘，突然間就再也什麼都不剩，當然奇特甚至怪異。就像一個原本可見的物體，被某種超越世俗的力量感染侵襲，非常突然地就消解成無。但是我們之所以不再將之視為麻煩，是因為我們一說起數字，指的不再只是自然數字，而是已經進到高度抽象的坐標系統，每個數字只能對照一個

西元 1360 年左右　中古世紀數學家（尤其是尼可·奧里斯姆開始找尋替代物，使 A：B 的比例不再寫成另一個比例式，而是以第三種比例解決，雖然零對許多神學家而言依舊是惡魔的造物。

自然數值這個想法已經不再是主流。這個坐標系統鑑於發明人而被稱為笛卡兒坐標系，笛卡兒的確可被視為實體化的零，不，更好的說法是成為精神的**哲學零點**。例如他就在《沉思集》裡進行思想實驗，而且是想像他並不確定自己是否存在，既不確定手臂、雙腿是否存在，根本就懷疑他是否有個身體。對思考的人而言或許一切都不確定，但是他出現這個想法，甚至還能懷疑自身存在的可能性，卻都實實在在。笛卡兒於是結論，對實體世界的懷疑剛好可被轉詮釋為世界存在的證據。如果**那個東西思考**，結論就是它存在——於是**我思故我在**——完全就像人從絕對零點觀察數字世界。

由零作為永恆定點可知，為何學生不能用零來除某數，因為那就像打破永恆原則，說得簡單些，這就意謂著破壞我們數學數字空間的支柱一樣。如此說來，零並非數字，基本上可說是面對世界的態度（從前把零貶為惡魔數字的禁忌也是如此）。數學符號0.5表示所有1

西元 1641 年　笛卡兒寫下他對哲學的第一部《沉思集》。在他的坐標系統（當然在他死後才流傳開來）上，零就是初始點。

比2的比例，零就代表一種世界觀，和「中心視角」的統御世界攜手並進。數學家薛丁格（Erwin Schrödinger, 1887-1961）曾說，零與一就是數學的首要數字。也許我們不會把零歸功於上帝的恩典，但是如果把零理解為無染光環，就證實它對我們而言，正如代表上帝恩典黑暗面的劊子手一樣可畏。的確，法國大革命才剛砍下國王的頭，數學界也隨之鼓譟著抗拒代理人的控制。

西元 1706 年　圓周率 π 第一次出現在威爾斯人威廉・瓊斯（William Jones, 1675-1749）的著作《新版數學概論》（*Synopsis palmariorum mathesos*）。

政治
論統治者的德行

跨入我們所謂的**文藝復興時代**（指的是古典思想重振）之際，基督教主要美德（virtutes）轉變成一種力量，這種力量不和特定美德相連，只喚醒美德的印象。當時年輕的哲學家皮科．米蘭多拉（Pico della Mirandola, 1463-1494）於一四八六年所撰寫的著作就呈現出這種偏移——在他英年早逝之後（享年僅三十一），被以《論人的尊嚴》（*Oratio de hominis dignitate*）為題發表。這本書被稱為人文主義精神的指引烽火之後，大家當然想知道哲學家如何說明人的

西元十四世紀起 「外交」形成：米蘭是第一個派使節到其他國家的宮廷，但是（出於恐懼間諜）卻不接受外國使節。從 1480 年起才形成雙方關係，使節在十七世紀才變成必備的政治環節。

尊嚴，但是如果以為會在其中看到了不起的見解，那麼可要大失所望，因為皮科認為人的尊嚴在於他的轉變和適應能力：「誰不對這樣的變色龍感到驚奇？」但是怎麼會出現這首多變人性的讚歌，文藝復興時代甚至在偽裝藝術家身上找到理想圖像？為了理解這一部分，必須審視後中古時期的社會腐敗狀況。

西元一三四七年的瘟疫幾乎使歐洲人口減少三分之一，基督宗教西方文明基礎變得支離破碎。各處民眾起義，也發生領地爭奪戰爭，基督宗教的普世主義連同它所使用的拉丁文顯然已到盡頭。但是群體不再認為理所當然之時，顯然必須重新思考政治——政治措施和方向，好比至少維持最低程度的社會秩序。傭兵和投機主義者伴隨普遍悲慘登場，綁架和政治謀殺成為日常事務的一部分，維持最低社會秩序更顯急迫。普遍不信賴和彼此懷疑的氣氛並未促使好人政治推展，就像對商人指出合理價格也不會縮小他們的胃口。那麼，良好有效的

西元 1513 年　馬基維利被去職之後發表他的《君王論》（*Il principe / Der Fürst*），以傳統對君主建言的形式，提出全新且前所未聞的政治原則。其中有許多受到切薩雷．波吉亞公爵（Cesare Borgia, 1475-1507）的啟發，他是影響佛羅倫斯文藝復興時期的公爵，毫不猶豫地命人謀殺自己的兄弟。

政治究竟是什麼？

馬基維利（Niccolò Machiavelli, 1469-1527）所探索的正是這個問題。如果把他的想法和犬儒主義以及最無恥的權力意志劃上等號，對這個只想服務家鄉佛羅倫斯的男人而言絕對不公平。因為馬基維利的想法正好落在不僅對他也對那個時代典型的思想縫隙裡：亦即人的生活方式和他應有何種生活毫無關係。哲學家正享受皮科．米蘭多拉主張的時候，基督教主要美德卻依舊是主流，每個人都盡力將自己的卑鄙無恥藏在悅目的外表之下。鑑於普遍遮掩成俗（「每個人看到對方所表現出來的，卻很少感覺到對方究竟是誰」），馬基維利站在現實政治面於是自問，統治者必須做什麼，才能和他（難免不知感謝、搖擺不定和投機）的子民好好相處，保衛他的統治權。其中一定的道德彈性（也可以說：沒個性）也不是壞處：「諸侯無須具備所有良好特性，卻必須表現出擁有這些特質。」

西元 1516 年　湯瑪斯．摩爾（Thomas Morus, 1478-1535）在他的《烏托邦》當中描繪了理想群體生活，這個理想完全和他的實際經驗相反。他是國王亨利八世的伶俐使節，協助國王處理和教宗之間的紛爭，在國王想登上英國國教首領之位時，…

政治就是欺瞞的藝術，對馬基維利尤其相關的是儘可能聰明地玩這個遊戲。他於是批評統治者的優柔寡斷，因為比起果斷而強力的處置，前者反而容易引發較大的混亂。衡量標準並非個人意向，而是個人行為的後果。如此看來，這個古老戰略家曾一度被懷疑是陰謀論，對他刑求、進而驅逐，而他的學說其實只是現實政治。馬基維利的現實感奠定於深刻的悲觀主義，就算在和平時期也只能看到尚未爆發、隱藏的戰爭。因此他宣稱「有兩種戰鬥，一種透過法律，另一種藉助暴力」。如果能在這兩種秩序之間選擇，馬基維利一直都偏愛第一種，不是出於道德因素，而是因為第一種比較聰明，比較適合偽裝的德行。有個軼聞：他臨死之前依舊保持現實政治的態度，因為時辰將近，他被要求詛咒魔鬼和他所有的作品，他於是圓滑地回應：「這會兒可不是樹敵的時候。」

…他不願再追隨，因此必須付出生命為代價。據說他在斷頭台上拜託劊子手不要切斷他的鬍子——鬍子畢竟沒有叛國。

國家

利維坦與比蒙巨獸

若要簡短總結，可以說國家就是擁有自己的貨幣，男性臣民要服兵役，每個國民都要繳稅的政治體。除此之外，國家也被畫在地圖上，擁有國家隊——比賽時大街小巷一片寂靜，就像我小時候德國足球隊在溫布利球場比賽，無人的街道上只見家家戶戶閃著藍光的電視螢幕。一個國家當然還有國歌，足球隊比賽的時候，一起看電視的人也可能站起來，加入幻想的合唱團，只有家裡的座椅發出回聲；但當來自千家萬戶的吶喊聲湧到街上，於是大家知道，這個國魂真的存

西元十三／十四世紀　歐洲四處形成君主政體。地方語言取代拉丁文成為知識份子的語言。以個人忠誠義務而建立的封建系統空洞化，正在形成的帝國陷入財務窘境。

在！

這些特徵和我們習慣直接稱為**國家**的政治體並沒有太多共同點。好比如何能把我們的國家和中古世紀的政治體比較，而後者的建置其實取決於統治者的裙帶婚姻？沒有官方語言及通行法律，甚至沒有具規模的政府機關，這是什麼樣的「國家」？真的值得把幾千個居民形成的中古世紀簡陋小地方稱為國家嗎？最後，當宗教還有那麼大的影響力，國王還必須向教宗鞠躬行禮，國家如何形成？我們看一下非洲地圖，以及那些抽象的政治體，或許就能獲得我們所有國家的**人造性**最精準的描繪，以一把尺畫過，那麼多人被一筆分成兩邊，視情況或者被擠壓到非我族類的群體裡，只因某個自大商人——塞西爾·羅德西亞（Cecil Rhodes），而被稱為羅德西亞人（Rhodesien）[1]。

的確，想要有個國家的期望相對較晚出現，大約在中古世紀末，人們進展到以自己的語言讀《聖經》，印刷術將各地的語言統一到一

西元 1576 年　法國思想家尚·波當（Jean Bodin），也是第一個看出賦稅意義的人，把獨立自主（Souveränität）的概念引進政治哲學。

定程度，從前不同語言的差異淡化到方言差異。但這類逐漸同化卻無法跨越因信仰不同而出現的深刻新對立，兩千萬居民形成民族君主國家這個想法太新太超乎尋常。最初的重要國家學家的理論看起來比較像期望。尚・波當（Jean Bodin, 1529-1596）說起「決定戰爭與和平，做出最後的判斷，命名官員」是君主的自由，接著主張君王應擁有賦稅和鑄幣權力，有權要求附庸誓言效忠，這一切和現實並沒有太大關係，因為權力在四處都受到爭奪和切割——尤其主要受到宗教問題衝擊。

新時代國家的建立確實是歷史低點，亦即發現其基礎在於國家利益。觀察這個建立行動，無可避免地要提起霍布斯（Thomas Hobbes）和他的著作《利維坦》（*Leviathan*）。如果詢問熟知歷史的人，對方會

1 塞西爾・羅德西亞創立不列顛南非公司，該英屬殖民地因而被稱為羅德西亞，一九八〇年更名為辛巴威。

西元 1618-1648 年　三十年戰爭。雖然表面上牽涉到宗教對立，事實上卻是為了爭權奪利。畢竟戰爭將領發現他們的作為本身可以帶來利潤，因此形成某種破壞經濟（「以戰養戰」）。

說明利維坦其實是《聖經》裡的怪物。但是霍布斯不僅把一隻，而是一下子把兩隻思想怪物釋放到世界裡，除了**利維坦**之外，還有**比蒙巨獸**（Behemoth）。這兩隻怪獸在〈約伯記〉以鱷魚和河馬的形象出現，它們對討厭神話的霍布斯卻有衍生的意義。但是霍布斯究竟為何要依傍這種怪物？《利維坦》的封面提供了答案，上面可以看到一個國王，手握權杖和刀劍，一旦湊近細看，就會發現這個統治者由許多個人組成。

或者如霍布斯所說：利維坦是「人造的人」，其人造性和罕有性不比我們今日所說的**人工智慧**來得少。注意到這一點，就能理解霍布斯如何將他的兩隻怪物分類。比蒙代表內戰，社會處於自我崩解狀態，而利維坦就代表規律和凝聚群體的力量。這種使眾人合一成「人造人」的力量擁有齒輪的意象，個別推力彼此嵌合，協調成整體動作。只有利維坦被賦予獨佔權力，才能壓抑個人權力開展。如此看

西元 1644 年　英國內戰中，奧利佛·克倫威爾（Oliver Cromwell）的新型軍隊（New Model Army）對抗國王的軍隊，是第一支穿制服的現代軍隊。

來，利維坦可理解為巨大的國家機器，理解為我們以非常模糊用語所指的「**系統**」。

以我們的表達方式，「系統」聽起來有點黑暗，對霍布斯而言就像處於做夢狀態——而且不無道理（只要想想他的生活環境），因為十七世紀前半的特徵正是嚴重的文明倒退。三十年戰爭（1618-1648）在歐陸蔓延，就連海島帝國都陷入內戰，到處都被比蒙怪獸宰制。最令人憤怒的是，世俗權力慾披上宗教的外衣，以國王之名處死國王的革命家奧利佛·克倫威爾（Oliver Cromwell, 1599-1658）就曾召集他的軍隊到曠野上，祈禱整整三天。等到上帝的感應出現，克倫威爾承諾支持者，將會帶領他們走出幽暗，正如從前摩西帶領受奴役的以色列人出埃及。以編年史記錄被比蒙怪獸緊握的英國內戰的霍布斯，宗教和士林哲學家的強詞奪理在他眼中正是一切不幸的根源，因此他志在於結束宗教和權力政治的邪惡聯盟。

西元 1661 年　二十二歲的路易十四，後來的太陽王，宣布他將以專制統治者身分治國。藉助凡爾賽宮的魅惑建築（註：請參考前文〈中心透視〉一篇），他成功的將競爭的貴族納入他的宮廷。

但是要如何進行？只有讓國家本身變成凡間的神，變成「會死的神」（Mortal God）[2]——從宗教手中奪下政治這項武器。

2 即霍布斯的利維坦。

西元 1690 年　絕對自主有如公理而成為先決條件之後，主要焦點就被放在馴服「猛獸」。約翰・洛克（John Locke）在他的《政府論》（*Two Treatises of Government*）當中鼓吹分權，孟德斯鳩（Charles de Secondat, Baron de Montesquieu）則在《法意》（*Vom Geist der Gesetze*, 1748）使之更為精緻。

中央銀行

虛無價值的防禦城堡

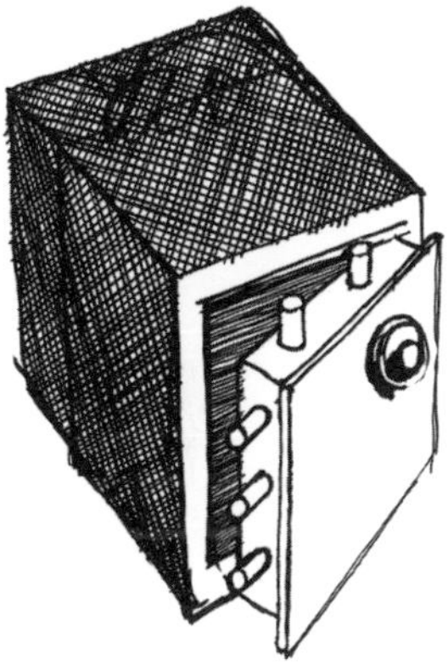

機靈的經濟學家曾說，現代貨幣被「維持趨近於無」。但是隱藏在「無」之後的祕密如何成為社會的支柱？就成立一家銀行？不，更好的是成立一家中央銀行，並且賦予它最崇高的任務，亦即維持表象。如此看來，中央銀行最適當的稱號就是保衛無價值的機構——這狡滑的發明，其建立絕非理所當然。

貨幣被當作國家的標準配備，今日看來有如自然法則，第一個中央銀行出現的那個世紀末，其世紀初看起來卻完全不是這麼一回事。

西元 1200 年左右　義大利銀行家（banciere）之所以這樣被稱呼，因為他們在天氣好的時候把板凳（bank）拿出來放在街上，在戶外進行匯兌交易。

恰恰相反：十七世紀初期對歷史學家而言是最悲慘的災難時代——有個美好的名稱「**倫分減兩時代**」（Kipper und Wipperzeit）正好適度凸顯，當時情況的確難以概觀而且悲慘。在荷蘭這個有限的區域總共流通三十六個不同的貨幣系統，這些不同的貨幣搶著壓下其他貨幣，其他地方的情況也沒有比較好。很容易就可以釐清貨幣劣化的原因，中古世紀的鑄幣權，也就是國王鑄造錢幣的特權，變成交易頭銜，可以出租再出租。每個蠹材都可以取得這個特權，分一杯羹，然後再交給其他蠹材。

在中古世紀諸侯鑄造偽幣之際，貨幣市場私有化使金融災難倍增，並且證實經濟學者格雷沙姆（Thomas Gresham, 1519-1579）在百年前就已經觀察到的（從那時起就被稱為格雷沙姆法則），也就是劣幣逐良幣的事實。連孩子們都能感受到此一法則的心理學，因為一旦擁有高價金幣，就會囤積起來，相反的則會把低價值的貨幣放到市場

西元 1250 年左右　聖殿騎士被充作十字軍運幣保全，十三世紀中期就已經建立幾百家銀行組成的分店網絡，以及可觀的財富，引起美男王腓力四世（Philippe IV le Bel, 1268-1314）的覬覦。為了奪取財富，他將教宗誘拐到亞維儂（Avignon），控訴騎士團犯下索多瑪縱慾淫行和惡魔崇拜等罪行。

上流通，讓這些貨幣不經意地變成某種代罪羔羊。

隨著貨幣一起出現的問題早已因中古世紀「偽幣國王」而顯露。國王一直被視為貨幣擁有人，正因為國王的肖像被鑄在上面，這種想法對他們有益。於是某人帶著到處跑的錢並不屬於這個人，只是某種借貸。在這個奇特的設想後面隱藏著對錢的另一種認知，而非我們熟悉的理解方式。事實上，錢的確尚未被視為價值本身，只是一種價值度量，衡量東西的價值，就像溫度計測溫度一樣。歐洲越來越多高價值錢幣流通，這個情況大幅提升子民對金子的饑渴，正如他們永遠缺錢的統治者——他們熔化金幣和銀幣，混入低價值的金屬，然後重新鑄成錢幣。因為他們不只拿自己的錢這麼做，也拿鄰國的錢幣這麼辦，很快就導致貨真價實的錢幣戰爭。

1 法蘭西斯·德雷克爵士是當時著名的私掠船長探險家和航海家。

西元 1534 年　亨利八世在國會貫徹至尊法案（Act of Supremacy），擺脫羅馬教廷的約束——順便奪佔教會的土地和職位，此舉使（早已破產的）封建系統獲得苟延殘喘的時間。但是亨利八世的女兒伊麗莎白就必須兼差（想想法蘭西斯·德雷克爵士〔Sir Francis Drake〕[1]）當海盜新娘。

十四世紀時，身為主教同時也是大學學者的尼可．奧里斯姆（Nicole Oresme）就提出根本問題：錢屬於誰？他的答案是絕對不可屬於諸侯，而是公眾的財產，就像公車一樣。他的後繼者當然沒把這個主張放在心上，繼諸侯之後也放任私人插足偽幣事業。英國的情況糟糕到只要偽幣製造者供出其他兩個共犯，就保證不會受到刑罰——或是鼓勵兒子密告製造偽幣的父親。查理二世破產之後，威權聲望低落到法國軍隊登上英國領土時，沒有人願意出一分錢支持國土保衛戰。在這種絕望的情況下，英國銀行（Bank of England）於是在一六九四年成立。許多國家或共和國（好比日內瓦或威尼斯）早已經制定法定支付貨幣。在美洲殖民地麻塞諸塞州甚至出現怪異的念頭，把**貝殼串珠**（Wampun），也就是印第安貝幣，明定為法定貨幣。

這時也已經嘗試過引進紙鈔，例如瑞典，在昂貴的三十年戰爭後缺乏金屬所致。英國中央銀行立法明定支付貨幣因此不算創新，新穎

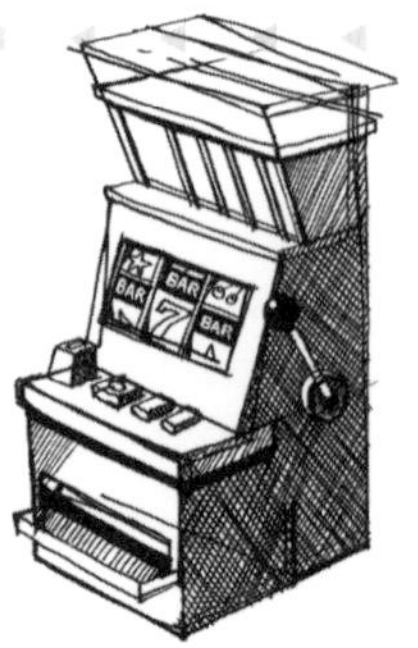

之處在於銀行被授權發行信貸。或者說得更精準一些，當銀行無法從他處獲得所需金錢，銀行有權自行鑄幣。於是中央銀行變成貨幣的保護者，成為守衛「無」的最低限度維持機構。因為銀行努力維持可靠，利息豐厚，而且定期支付，英國銀行獲得莫大的推升。這個機構的主要成就在於，沒多久前還因為錢幣而咬掉牙齒的人（咬錢是為了檢查錢幣的含金量，如果不是金的，牙齒就遭殃了），這時開始相信貨幣。因為唯有在信賴的基礎上，才可能以紙鈔支付，取代不足的貴金屬。

於是銀行製幣的合約不斷續約，從私人經濟機構可說變成**半**國立機關。要把「半」字加粗體強調，因為中央銀行從此獲得這個特殊地位。不僅英國的銀行，美洲聯邦儲備銀行直到今日都尚未完全國有化，有部分仍屬於私人經濟機構。國家其他部分或許以民主精神組織，這個承擔維持表象任務的機構卻非民主編制。可以說：中央銀行

西元 1611 年　阿姆斯特丹股市開張，這主要是針對投資的銀行（成立時只有 709 個帳戶）。投資資金沒有利息，只有東印度公司和阿姆斯特丹市擔保信用。而自 1612 年就已經開始證券交易。

的主權精神，即國王特權，依舊被保持下去——連同所有的宗教想像，只不過我們不再提起上帝，只說錢，不再說起罪人和信徒，只提信貸和信譽。

西元 1715 年　蘇格蘭經濟學家約翰．洛（John Law, 1671-1729）受命為法國國王建立中央銀行。要讓路易斯安納土地變得比較有利可圖的密西西比公司所引發的亢奮，使得當地出現投資股票所，但是 1719 年就因為第一次崩盤而結束，動搖對國王銀行紙鈔的信心。飽受責備與羞愧之下，約翰．洛被驅逐出境。

自然

盧梭與少年愛彌兒

誰沒聽過高貴野人，沒聽過未開化和真實天性的故事？這是所有受到文明蹂躪者的希望，拿著遙控器坐在冰箱前面，夢想自己身在樂園，不管樂園在哪裡——南方海洋、自己的腦子或是在裸體文化的幸福裡。

真實大自然對我們或許像是黃金時代，在所有歷史之前，而就像不斷精進的冷凍技巧隨侍現代左右，真實自然主題也有段歷史，這段歷史帶我們回到十八世紀，那時人們開始用花朵裝飾家具，以簡單乾

西元 1720 年起　繪畫捲起一陣戶外空氣風。不僅越來越多戶外小偷情，鄉村詩意的自然景色成為畫面（如華鐸〔Jean-Antoine Watteau, 1684-1721〕），就連畫家都離開畫廊，乾脆在新鮮空氣中作畫（plein air）。

淨的線條取代繁複的形式堆疊。自然以風格形式進入空間，社會則投入鄉村郊遊或是在戶外小偷情一番。在這一陣全面的清新空氣亢奮之下，在男女幽會的溝壑裡，人們發現就連藏在蜜粉、假髮和宮廷華服下的人，根本上也是自然生物。並非算計的理性使人成為人，而是出於他的感受，他全面的感性。

這正是盧梭（Jean-Jacques Rousseau, 1712-1778）用來反駁社會動物的學說，其實有悖於所有傳統。如果至今整個文化都致力於控制感官慾望，對盧梭而言，真實的感覺才是根本理性。因此他在第一部大作《論科學與藝術》（*Discours sur les sciences et les arts*）當中宣稱，學術並無助於改善道德，正好相反，理性取代感覺且剝奪人類的天生自由。這種剝奪卻不止是種限制，更等同於去自然，使人遠離本性。因此盧梭的控訴，聽起來就像他的《社會契約論》（*Du Contract Social ou Principes du Droit Politique*）所說的：「人類生而自由，卻無處不被拘

西元 1719 年　丹尼爾・迪福（Daniel Defoe, 1660-1731）的《魯賓遜漂流記》出版，乃是受到水手亞歷山大・塞爾科克（Alexander Selkirk, 1676-1721）的故事啟發，塞爾科克在一個無人島上度過四年歲月。

束。」喪失與生俱來的自由讓一個古老的宗教主旨重生：失樂園的意象。

無論如何，盧梭卻除下其宗教意義，於是他敦促他想像中的門生——少年愛彌兒，要「創造人間的伊甸園，只要還對他人有所期盼！」人的不自由確實是自作自受，是人類天性和社會修飾之間衝突的結果。被盧梭視為天然人對手的「社會人生而為奴，像奴隸般生活與死亡」，乃是因為社會不要人，只要公民和臣民，以特定功能為社會機器奉獻犧牲。因此在這樣的世界裡只能屈服，到處都是壓力和威逼。社會動物或許能在社會機器當中成功，卻要付出和本來人性疏離的代價，退化成雙面生物，假裝關心旁人，事實上只尋求自己的利益。但是應該要擺脫這種扭曲程序，這就是為何盧梭要以此根本批判，描繪出一個未被疏離的人類圖像。

盧梭以其著作《愛彌兒》（*Émile, ou De l'éducation*）所勾勒的偉大

西元 1749 年　包姆卡爾頓（Alexander Gottlieb Baumgarten, 1714-1762）撰寫《美學》（*Ästhetik*），值得注意的是本書並非由藝術而是從希臘文的 aisthesis 演繹而來，亦即感知。可以說：社會變得靈敏，於是人日漸被自己的天性所傷害。

教育計畫，是他親身貫徹的計畫之一。而在他或許可說最勇敢、最直率的著作《懺悔錄》（*Les Confessions*）之中，他描述一切不可告人的事跡：他敘述自己還是個孩子的時候曾偷竊，鞭打僕人帶給他快感。這本書以其放肆和懺悔者的百無禁忌而言，確實史無前例，這種自我展現有多新穎且前所未聞，心理空間之開放，從《懺悔錄》的最初幾個句子就看得出來：「我計畫做一件前無古人後無來者的事，我要在和我一樣的人面前赤裸呈現一個人，這個人就是我自己。」只有相當重聽的人才聽不出這番告白的得意，盧梭畢竟宣布他跨越絕對界限。這本書的確不僅開現代自傳文類先河，也踏上指向心理和無意識的親密領域的道路。

自此以後，書籍都標上新形態標題，好比《喜愛藝術的修道院僧侶真心傾訴》（*Herzensergießungen eines kunstliebenden Klosterbruders*）[1]，作家如歌德之流致力於描繪少年維特的心理，文學讀者又如此受到這

西元 1762 年　盧梭在他的著作《愛米爾》當中描繪人如何從自然狀態過渡到社會狀態，結果引發激烈的辯論，形成有關自然法的理論。

類描述感動，讓不少人毫不遲疑地跟隨主角踏上死亡之路。我們這時代的心理學家說起間接引發的模仿自殺現象，還一直稱之為「維特效應」。

1 作者為威廉・海里希・瓦肯洛德（Wilhelm Heinrich Wackenroder）及路德維希・提克（Johann Ludwig Tieck），乃是一本藝術理論著作，出版於一七九六年。

西元 1798 年　在法國阿韋龍省（Aveyron）附近發現一個狼孩兒，自然研究家博納埃爾（Pierre Joseph Bonnaterre, 1752-1804）以他那時代最大程度的同情心進行研究，將之教養成半開化的人：人們發現，就連人的人性也非與生俱來，反而是緩慢推進的發展結果。

啟蒙

擺脫自我奴役

每個人對啟蒙都各有想像，但是對啟蒙最簡短的啟蒙則是由一個矮小得像侏儒的哲學家所提出：「啟蒙就是擺脫自己招致的依附狀態。」換句話說：在啟蒙時代，文化成長，擺脫其代言人，也就是教會。這種成長是十八世紀的偉大故事——這個時代也的確給我們許多美好的例子。所謂**百科全書派**就讓我們看到，「勇於運用理性」（這是康德的另一個定義）也和知識的可觸及性相關。於是就產生大部頭的百科全書，收集世界的知識，從A到Z。所聲明的目標設定：「這

西元 1650 年　萊比錫出現第一份日報，1703 年維也納的報紙發刊，1780 年《新蘇黎世報》（*Neue Zürcher Zeitung*），1788 年倫敦《時報》（*Times*），啟蒙和媒體受眾的形成齊頭並進。

部作品隨著時間造成精神轉化」。百科全書企劃倡議者之一狄德羅（Denis Diderot, 1713-1784）寫道：「我希望暴君、壓迫者、狂熱者和不寬容者不會獲勝。」世紀中期在啟蒙者和頑固教士之間當然發生過激烈的衝突（例如和作家雷辛〔G. E. Lessing, 1729-1781〕不合的漢堡牧師勾策〔Johann Melchior Goeze, 1717-1786〕），神父全力投入繼續維持他們羊群的秉性，也就是蠢羊。這種代言權應加以終止。

這時幾乎已經無法逃離啟蒙的狂熱，出現在所有國會辯論和報紙文章裡，於是就忽略了啟蒙基本上將某種非常歧義的東西帶到這世界上。因為人或者想從單一且唯一神聖的教會手中逃脫，或者也想擺脫世俗當權者，卻不免浮現一個問題，亦即新取得的思想自由是否真的就能滿足人類。只有一**種**理性，或者有好幾種？這些理性可能也互相激烈衝突嗎？如所周知，在法國大革命當中，啟蒙的命運正是如此。人們把聖母大教堂改封為「理性殿堂」之際，絕非啟蒙的光榮時刻，

西元 1751-1772 年　達朗貝爾（Jean Baptiste le Rond d'Alembert, 1717-1783）和狄德羅編纂的二十八冊百科全書，收集世界的知識。在關鍵字「理性」底下可看到說明，指出和知識或日常經驗衝突的句子都不能當作神的啟示。

而是國家恐怖統治的開端。最初人們還滿足於砍斷聖像的頭，革命人士這時卻開始砍下彼此的腦袋——以如刀般銳利的論點，大家想的畢竟只是理性和普遍福祉。

質疑普遍法則，也就是集體理性，這個問題一七六一年盧梭就在《社會契約論》當中提出——而且身為人性專家，他的答案是人類絕無能力達成的，因為針對所有的人制定普遍法則，需要一個熟知人類所有慾望卻不會屈服於這些慾望的神。就像革命人士已經料到自己還需要這樣的東西，於是也在人權和公民權總綱裡提及上帝，但是卻未改變歷史的走向：所有革命黨人當中最冷靜的那一個——馬克西米里安．羅伯斯皮耶（Maximilien Robespierre, 1758-1794），毫不在乎地在眨眼間將他的摯友和夥伴送上斷頭台，當他從勃發的怒氣中冷靜下來時，說出值得注意的一句話：「如果上帝不存在，那麼就必須發明上帝。」因此，革命的高潮變成非常怪異的主上崇拜：可說是對理性的

西元 1776 年　美國獨立宣言在總綱裡總結啟蒙思想的根本——除了自然權之外，首次提及人權。

崇拜。

但是，索性以理性取代宗教的激情不是理解啟蒙本質的恰當方式——因此值得以比較不那麼傳統的方式把啟蒙的故事重說一遍。在康德踏入他批判時期的同一時間，有部下棋機器巡迴歐洲，讓觀眾驚詫不已。全世界的人想破頭，想知道這部機器如何能自行思考。直到腓特烈大帝提出大筆賞金，其中的祕密才被揭開：原來有個矮小的棋手坐在機器裡。可以說康德是第一個揭開哲學祕密的人，只因為他能指出任何思考機器的內在不是充滿神祕、超世俗的力量，而是擁有奇妙知識的思考侏儒。

康德開始主張**自主思想**的時刻，正是他批判上帝證據之際並非巧合（他批評：上帝的證明在哲學家手中並非用於崇敬上帝，而是用來自我誇讚思考和哲學的神性）。相反的，康德無趣的洞見是：哲學不是奇蹟，而是人類想像力的運作。這是康德《純粹理性批判》的核

西元 1783 年　康德發表一份只有幾頁的文章，回答「何謂啟蒙？」這個問題。康德顯然從兩個角度看待這個問題：一方面期望個人自由，另一方面期待社會秩序極小值，…

心。人們對自然的理解只有之前歸納在自然之下的那一套，但是如果所有思想都回溯至思想家，就會出現一個問題：我塞了什麼到我腦子裡，所以我能思想？根據康德的看法，最初的東西，也就是所謂的先驗是我們對空間和時間的概念。康德把這些概念從經驗世界劃分出去，因為它們形成原則，讓思想可以繼續運作。

但是康德絕未將哲學的自我批判視為問題，而是解放，是思考方式的革命，絕對值得和法國大革命相提並論。的確，觀察這個見解的後果，就會發現西方對啟蒙的根本提問還沒有完全結束。康德對「**何謂啟蒙**」提出答案，認為這是人類走出自己招致的依附狀態的途徑，那麼人就不該把責任推到教會和獨裁者身上。對自然科學、醫學或科學唯物主義（即共產主義）的信仰，絕對可能都是自己招致的依賴而不自主。

是的，基本上妨礙人們理解人類世界乃是想像力產物的一切，終

…此一社會秩序必須朝向以人的尊嚴為依歸，而非將人視為機器。個體與社會間這難解的關係使康德提出「定言令式」（kategorischer Imperativ）這個問題，讓他終生思考。

究只是嘗試固著於一種幼稚信仰。也可以順著康德質問：歷史何以先驗？再以康德的觀點回答：預言家自行創造狀態，然後引發他事先宣告的事件。

經濟

從群體道德到市場機制

也許需要一部蒸汽機才能推動經濟。有個目光如劍的思想家曾說，奴隸交易公司絕不會想到要自問，從奴隸身上獲得的是否多於投資在奴隸身上的。無論如何，亞里斯多德留給我們的**經濟學**（Ökonomie）——一門學問，和我們的市場情況真的沒有太大關係。對亞里斯多德而言，經濟並非能量或其他某種附加價值，而是和家庭經濟相關的最直接問題（oikos 即「家戶」之義），好比戶長如何對待他的妻、子和奴隸等問題。這樣看來，古人根本不知道何謂經濟，他們的

西元 1769 年　詹姆斯・瓦特（James Watt）改良約瑟夫・紐康柏（Joseph Newcombe）於 1712 年就已經發明的蒸汽機。

世界缺乏獲利的決定性協調系統，而且沒有可靠的標準，只能大約估計。

但是這個標準正好出現在十八世紀——現代的偉大精神之一於是隨著**市場**抬頭也就不足為奇。不過市場雖然在我們這年代的規模龐大，它最初卻只是個理論現象。法國重農主義者（Physiokrat）剛經歷了印在紙上想像的寶物可能灰飛湮滅，就認為財富必然和農業財富劃上等號。這同時也說明了，為何他們自稱為**重農主義者**，這個字眼畢竟被理解為自然的主宰。第一部蒸汽機正開始運作的英國，並不只在滿足於鄉村自然風情，而是特別追求利益極大化，不管以何種手段。

但是就連現代第一個經濟學家亞當．史密斯（Adam Smith）都認為，市場起初毋寧是種理論現象——正如這個思想家本身，終生自說自話，是不修邊幅的教授原型，甚至可以在街上遇到他穿著睡袍。這個蘇格蘭思想家思索的是追尋幸福的問題。何者更重要：個人還是集

西元 1798 年　湯馬斯．馬爾薩斯爵士（Sir Thomas Malthus, 1766-1834）發表《人口論》（*Essay on the Principle of Population*），這本著作探討成長的極限，因為馬爾薩斯說明以倍數成長的多子家庭不會帶來更多富裕，反而造成貧困。

體的福祉？著作的發表順序和標題就已經提出答案。史密斯於一七五九年發表《道德情操論》（*The Theory of Moral Sentiments*），十七年後發表他的主要著作：《國富論》（*An Inquiry into the Nature and Causes of the Wealth of Nations*），認為全體的福祉優先於個人命運。這樣看來，國家經濟學思想完成深度轉變：亞里斯多德關注的問題還是統治者是否應該鞭打奴隸，市場這個概念卻擺脫倫理學及其個體化觀察方式的束縛。因為不論人出於高貴的動機或是低俗的理由而具備生產力，對市場而言都無所謂，重點在於人做些什麼。由此看來，市場自行奉貪欲和自利為上，因為相對於道德克制，貪欲和自利反而提高富裕和社會生產毛利。

根據史密斯的看法，之所以會發生這般奇妙的轉變，要歸功於調節市場的**看不見的手**。雖然這個奇妙的機制被現代經濟學家掛在嘴上，就像古早人唸禱玫瑰經，史密斯的著作當中卻只提到三次。第一

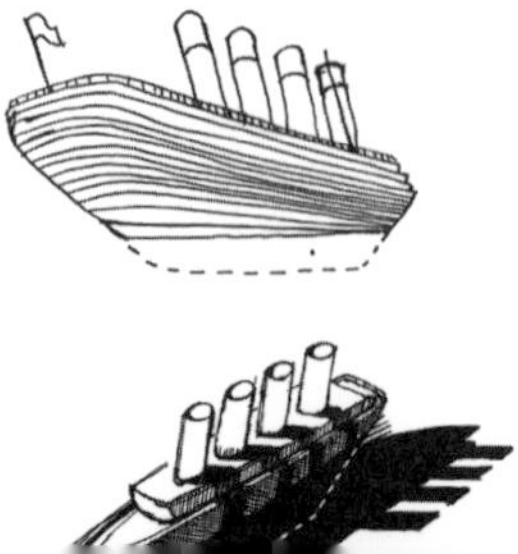

處是為了呈現原始人如何詮釋自然力量[1]；第二處，看不見的手能解開不顧貧富差距而分配財富，最後卻趨向相對均衡的自相矛盾[2]；最後一處則出現在《國富論》，大概的說法正是我們熟悉的。史密斯在這本書中說明他著名的市場機制，人們追求自己的部分利益，「被看不見的手所引導」，卻達成一個絕非人們刻意追求的目的：也就是促進群體福祉。

也許這些奇妙的轉變，貪欲和自利造就群體利益之際，正是經濟學的誕生時刻。經濟學因此擺脫罪惡、救贖和可疑的道德。即使厭惡奴役，人們可以從奴隸交易（如伏爾泰所為）當中獲利嗎？對經濟學家而言，這個問題根本無關緊要。如果讓市場自行運作，就能正確導

1　在一篇有關星象學歷史論文（"The History of Astronomy"，一七五八年前發表）中提及「木星的看不見的手」，指大自然沒有經過任何操縱卻自動運行。

2　出現在《道德情操論》第四章，表示富人像是受到看不見的手所牽引，而將財富與窮人分享。

西元 1825 年　愛爾蘭哲學家威廉．湯普森（William Thompson, 1775-1833）將增值概念和資本家的剝削相連。湯普森本身是愛爾蘭最富有的人之一，他的遺囑引發愛爾蘭歷史上最漫長的法律訴訟，他的家族反對他將財產留給剛成立的合作社運動。

引。市場的確供給我們冰箱、電動開罐器和平板螢幕，帶來的財富或許讓以前自以為富有的人忌妒到臉發白，因此經濟學長期而言可說是實際的人民幸福原則，甚至可以被錯認為帶來幸福的學問。然而這種理型是否依舊有效卻值得一問。

一九五七年，美國經濟學家約翰・肯尼斯・高伯瑞斯（John Kenneth Galbraith, 1908-2006）就訝異於人們為了刺激生產力，竟然補貼沒有人期盼的過度生產。為了生產而生產，這是絕對的非理性，因為毫無意義的盲目工作狂熱在其中發洩，也在其中展露它的拜物主義——只因為再也不是人，而是機器完成工作，而且不再生產實用的商品，而是非物質的產物，我們就像電影裡的魔法學徒，讓掃帚自做主張。對經濟學的抗拒幾乎就和這個學門一樣古老。共產主義者想要對生產工具做不同的分配，還有許多人在美麗新世界的理性分配裡看到極度恐怖。不僅個人消失在群眾之中，更糟的是，人在以經濟解讀的

西元 1832 年　電腦先鋒查爾斯・巴貝奇（Charles Babbage）發表他對英國工業社會的分析，《論機械與製造業經濟》（*On the Economy of Machinery and Manufactures*），是卡爾・馬克思（Karl Marx）引用多處的作品。此外，巴貝奇也制定勾泰爾壽險公司的基礎，在他的著作中表明，經濟並不只是單一個例，而是量學，以總體來思考。

世界裡不再是人，只是**經濟人**（Homo oeconomicus）——是經濟的倭儒，唯一且命定的興趣在於需求滿足極大化。

正是這個怪物召喚出我們歷史中的另一個怪物。布朗．史托克（Bram Stoker, 1847-1912）筆下的外西凡尼亞紳士德古拉，永無止息的嗜血饑渴驅策著他，但他對這種驅策的感覺似乎並不那麼強烈，因為他的血管裡再也沒有血，只有錢在其中循環。勇敢的強納森．哈克把刀刺進他的心臟的時候，湧出的不是血，而是一股金子和一把紙鈔。

歷史

黑格爾辯證學的真相螺旋

如果一切都不確定，一切都在流轉，就會出現一個問題，是否至少有個原則能解釋這些變動。基本上有個古老的哲學點子再度回歸，希臘人就已經開始思考這個想法：尋思恆定不移的作動者，**世界靈魂**（anima mundi）此一想法。黑格爾的研究同儕謝林（Friedrich Wilhelm Joseph von Schelling, 1775-1854）於一七九八年發表一本熱情洋溢的書，即以此為標題——《論世界靈魂》。和謝林相較之下算是大器晚成的黑格爾，還長時間處於知名朋友的陰影之下（謝林把他帶到耶拿

西元 1756 年　伏爾泰首次使用「歷史哲學」一詞指稱研究歷史轉變形式和特徵，以及歷史知識可行性的學問。

大學），承繼這個想法，卻未使他轉向自然，而是轉向歷史。如果大自然的變化可歸因於某種世界靈魂，可想而知，歷史也非偶發事件的連續，反而昭示一定法則，一種強制性的邏輯，黑格爾稱之為**世界精神**（Weltgeist）。

這正是黑格爾第一部偉大著作《精神現象學》（*Phänomenologie des Geistes*）的核心思想，發表於一八〇六年，就在拿破崙挺進耶拿的那一年，對他造成深刻印象，黑格爾宣稱看到「世界精神騎馬而來」。他把這個榮耀加在一個世俗人的頭上，顯示黑格爾並未把世界精神理解為高於人類的主宰。此後他再也不想理會哲學家的神，這個神從太古以來就忙著大自然事務，被古人設想成和人類一樣。相對的，黑格爾的世界精神應以今日所謂「巔峰狀態」（state of the art）稱之，可說是意識的最頂端。因為這個巔峰不斷改變，黑格爾就納入第二個哲學要素：辯證學。

西元 1791 年　赫爾德（Johann Gottfried von Herder, 1744-1803）的《人類歷史哲學思想》（*Ideen zur Philosophie der Geschichte der Menschheit*）引發對歷史他者的莫大興致，將之視為某種「文化的幼時記憶」。格林兄弟於是投入收集古代神話和童話。

辯證學在古代，以希臘人的想法而言只是談判、談話和反駁的藝術，是一種過程，經過交叉辯論，最後形成論點。但是黑格爾把辯證學變成歷史的自動裝置——把活生生的對話（也可能失敗或中斷）變成作動學說，產生這般或那般效應。各個思想立場被闡述得越精準，越會產生矛盾。立場及相反立場、論點和反論的一來一往，會產生新的正反合論點。進一步來說：正反合論點昇華原本的矛盾，而提升到一個嶄新的層面。但是在這個嶄新層面上，正反合論點又成一個論點，必然引發反論，於是整個過程從頭來過，就像電腦遊戲一樣，從一關升級到下一關。即使不曾讀過黑格爾的著作（真的難懂），還是可看出他的哲學產生的效應：相信這個過程隨著時間帶來改進，也就是現代所知的**進步信仰**（今日則以**升級**〔upgrading〕知之）。

黑格爾的遺詞用字雖然簡單，讀起來卻有些隱諱不清：「真實為整，整體唯有透過其發展才得以成就完整本質。」可以說：絕對真相

西元 1798 年　拿破崙征服埃及，使埃及文化和被遺忘的古代廢墟為人所知。未知的象形文字（尚波里庸〔Jean-François Champollion, 1790-1832〕於 1822 年解譯）讓人意識到不僅未來，就連過去也埋藏著謎團。

在歷史當中實現，或說人變得越聰明，真相就越趨於絕對；最終目的即絕對理性。出於這個因素，看到征服者拿破崙騎馬入耶拿的年輕黑格爾，並未將拿破崙視為敵人，反而稱讚他是騎馬而來的**世界精神**。雖然拿破崙的到來對黑格爾本人絕非值得高興的事（他必須逃離耶拿），國家意識卻在這位民法書（code civil）創造者身上達到最高表現形式。人們理解該法典宣示的精神巧計，因為世界帶給我們的混亂，對歷史過程，也就是世界精神，最終只會帶來益處。個人自由因此並非行為狂妄，而是呈現為必然的真相，也就是個人明智地做出某些必然行為（以及與之相關的自由空間及界定）。明白了嗎？

黑格爾對個案根本不感興趣，他重視的是法則。黑格爾的歷史哲學也被標示為神義論（Theodizee）[1]的傳人並非偶然，只不過更適當

1　簡而言之：該學門討論全善、全知和全能的神何以讓世間出現惡的矛盾，對應內文即黑格爾主張無論善惡行為，永遠趨向「真相」。

西元 1830 年起　十九世紀成為歷史書寫和歷史哲學的偉大時代，各種學說蓬勃發展，嘗試說明歷史事件的精髓。

的說法必然是歷史的神化。歷史的神化導致哪些怪異的路數，可以從極權主義歷史當中發現許多例子。好比布萊希特（Bertolt Brecht）在劇本《措施》（*Die Maßnahme*）[2]中描寫一場政黨爭執，有個年輕的革命份子，他的思想阻礙地下工作進行，最後聲明同意自己被殺死。謀害他的兇手（「控制團」）倒覺得可以被歷史原諒，因為「不是你們對他下判決，而是現實」。

2 劇本最後討論革命可以傷害道德根本原則到什麼程度，以有效阻止剝削和壓迫。

西元 1918 年 歷史哲學在二十世紀發生末日轉折，史賓格勒（Oswald Spengler, 1880-1936）寫下《西方的沒落》（*Der Untergang des Abendlandes*），闡述幾個世界帝國的崛起與沉淪。

演化

達爾文的「盲目鐘錶師」

也許真有相同事物一再回返這種事：威廉・帕利（William Paley, 1743-1805），達爾文（Charles Darwin）的老師，於一八〇二年的《自然神學》（*Natural Theology*）一書提出中古世紀上帝證據的新版本。在齒輪機械的目的性當中，中古世紀士林哲學家看到宇宙秩序的證據，因為齒輪機械目的至上的建構方式必須歸因於聰明的製作者，也就是鐘錶師，帕利根據身體各部分是活生生的器官，正如鐘錶各部分各有其目的而共同作用這個事實，當作有個聰明創世主的證據。這個也被

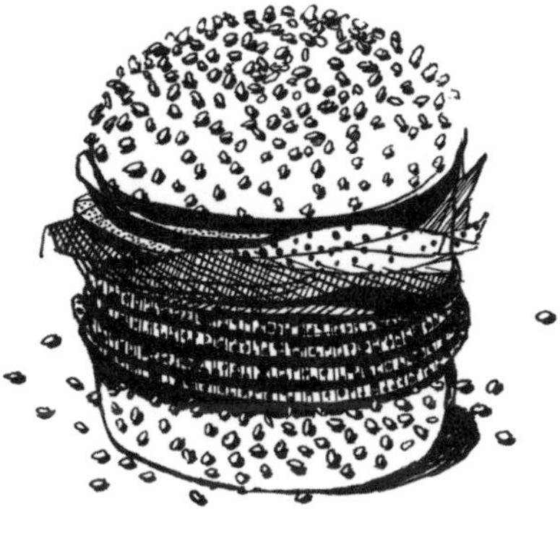

西元 1735 年　卡爾・林內（Carl von Linné）在《自然系統》（*Systema naturae*）當中設定大自然的分級系統。

帕利深思熟慮地稱為「設計師」（Designer）的創造者，為一個主導概念開路，而由達爾文把「**演化**」這個名稱保留給它。帕利的鐘錶師和演化之間的區別，不在於演化奉行嚴格、幾乎機械性的法則，而在於演化不是一開始就很清楚會發生什麼後果，因此可稱之為「盲目鐘錶師」，是種機械精神，它絕對理性的計畫可說自行推演，長遠看來卻一直朝改良和高度發展的方向前進。

在五年的研究旅行之後，達爾文於一八三六年回到英國，帶著收集來的大量物種和化石，記錄下一連串令人訝異的現象。他確信，特定鳥類和烏龜在群島和群島間有所不同，而其他物種則完全相似，這使他建立適應理論——也就是生物自我調整以適應所在環境的主張。根據達爾文的看法，這個過程緩慢推進，小步向前（漸進主義〔Gradualismus〕）。但是為了解開涉及古老物種的滅絕，以及新物種誕生相關的發展問題，達爾文開始尋找演化可能依循的法則。比起來自其他

西元 1799-1804 年　亞歷山大·洪堡（Alexander von Humboldt）在普魯士擔任短暫公職之後，出發進行南美之旅，從一開始就將這趟旅程設想為研究之旅，並且由私人資金支付。在他返國而且成果受到莫大肯定之後，到處都成立了自然哲學社團。

領域的收穫，達爾文從他那個領域同僚所獲得的並不多。他尤其受到湯馬斯．馬爾薩斯爵士的國民經濟學說的啟發，馬爾薩斯最先提出人口過剩理論，使達爾文得出自然天擇的理論。他以遺傳論立起第三根學說支柱——他的演化學說無法解決的問題點是，何以一定特徵一代傳過一代，以及其中某些特徵不會因遺傳而混合。

達爾文的成果讓奧地利僧侶葛利果．孟德爾（Gregor Mendel, 1822-1884）受益，他在修道院花園以豌豆交配，也就是進行配種實驗。雖然達爾文本可有機會知道孟德爾的成果，孟德爾在一八六九年發表《論人工培育之山柳菊雜交種》（*Über einige aus künstlicher Befruchtung gewonnene Hieracium-Bastarde*），達爾文卻毫不在意，就像他那個領域的大部分同事一樣。孟德爾對「隱性及顯性基因」的觀察直到三十年後才被重新提起，一路伴隨現代基因學的誕生。

坦白說，我懷疑發現演化是否真的那麼了不起，我於是想到一段

西元 1802 年　英國哲學家暨神學家威廉．帕利發表他的著作《自然神學》，書中將大自然呈現為智慧設計師上帝的創造物。

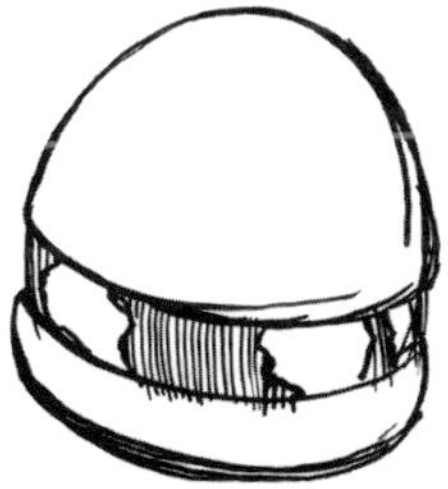

影片，不那麼科學，卻以更顯可笑的方式讓人耿耿於懷。影片讓人從一張時間表看到整個自然歷史——從恐龍到始祖鳥，從猴子到直立人，只為了到最後指出影片的主角：變成人形的巨大漢堡，搖搖晃晃的胸部繃著一件T恤，上面印著巨大的字體：「我是第一名，何必再努力？」人類是否知道能用演化做些什麼，這的確是個問題。

我們賦予演化學說的莫大意義所帶給我最美的故事發生在將近百年前。有個興奮的鳥類學家帶著兩個同伴上路，想要找到皇帝企鵝的蛋——驅使他們這麼做的是最嚴肅的科學問題：皇帝企鵝身為所有世間尚存最古老也最原始的鳥類，是否仍顯現和爬蟲類的明顯親戚關係。糟糕的是皇帝企鵝在南極寒冬孵育，不過三個零下五十度的晚上之後，這幾位先生就知道他們的研究精神誘使他們陷入自殺行動——但他們是英國紳士，不願背棄曾許下的承諾。不顧一切，他們視死如歸的勇氣帶他們抵達目的地，又引領他們回轉，行囊裡帶著一顆皇帝

西元 1858 年　達爾文朗讀他的著作《以自然選擇或生存競爭下適者生存論物種起源》(*On the Origin of Species by Means of Natural Selection, or the Preservation of Favoured Races in the Struggle for Life*)。同一天，瓦勒斯．羅素爵士(Sir Wallace Russel, 1823-1913)也發表一份文字，歸結到「適者生存」(survival of the fittest)這句口號。達爾文的書一年後出版，引起廣大的興趣，書籍在一天內便銷售一空。

企鵝的蛋。其中兩位先生雖然半年後和史考特船長喪生於南極，但是第三個人回到英國，並且試著把這顆蛋放在家鄉一座博物館裡展示。然而他在那裡被博物館館長用一句話應付了事：問他是不是以為來到一家蛋行。

西元 1854-1869 年　修道院長孟德爾在舊布倫修道院（Kloster Altbrünn）進行他的配種實驗。1862 年他成立「布倫自然研究協會」，藉由該協會的協助，他總共研究了 28,000 種豆類植物。

資本

馬克思的金錢惡魔論

卡爾・馬克思（Karl Marx），如大家所知，是《資本論》的作者，三大本厚厚的著作，驅使好幾個世代，甚至半個世界想創造新人類——一個自由國實驗，就像科學怪人博士的實驗一樣，結果帶來毀滅性的失敗。雖然馬克思絕非第一個宣揚共產思想的思想家，卻是第一個在最高思想概念層級這麼做的思想家。出於這個因素，他的想法也就帶著一抹學術特質，表現出一副「科學唯物主義」的樣子——使它遠不只是種卑微的世界觀。這個學說的根本想法就是馬克思對資本的

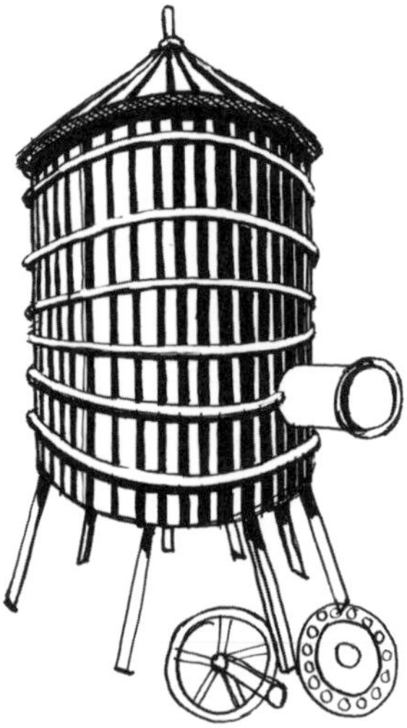

西元 1814 年　機器越來越重要（好比在紡織業），於是引發斯溫暴動（Swing Riots），召喚了盧德主義者（Luddit）[1]。當時必須面對工業化的貧困生活，衣衫襤褸的無產階級和童工等現象。

主張。

《共產黨宣言》（*Das kommunistische Manifest*）說：「所有階級和現存的一切蒸發消逝，任何神聖的都被褻瀆，人們終於被迫以清醒的眼光，凝視他們的生活態度以及彼此的關係」，使這一切生效（並且進入思想家視野）的動能正是資本。馬克思以他的學說遠離傳統歷史哲學的軌道：並非思想和思想系統，並非哲學或宗教影響社會，而是可鄙的貪婪財神瑪門（Mammon）插手其中。馬克思於是加入經濟學家的陣營，但是又和亞當．史密斯或李嘉圖（David Ricardo, 1772-1823）之流的思想家不同，馬克思將這個過程視為政治，而且是種惡劣和蔑視人類的政治。

但是何謂**資本**？資本是累積和儲存起來的勞動力，是購買勞動力

1 即織工起義，主謀盧德不知是否真有其人，一八四一年被軍隊鎮壓，參與者被處死或流放澳洲。

西元 1830 年前後　幾個早期社會主義學說作者試著控制貧窮化。工廠主羅柏特．歐文（Robert Owen, 1771-1858）試著以禁止喝酒、送孩童去上學來著手；夏爾．傅利葉（Charles Fourier, 1772-1837）設計了一個理想化的合作社，沒有人必須上工，可以自由戀愛。

或其他商品的權力，目的一律在於創造更多資本。所以資本也可以說是「對勞動及其產品的管理權」。在蓄奴社會或封建制度下還處於幼蟲期，隨著新時代的資本主義，尤其是隨著工業革命的機械化，於是破蛹而出。這時不再是以物易物，以便使用這些東西（這是所謂的**使用價值**），而是錢箝制商品，以從中擠出附加價值，也就是獲得更多的錢。整個生產過程於是變成商品，資本導致了勞動者和勞動成果、甚至和自己的勞動力產生疏離。就像米達斯國王（Midas）的故事，他的雙手不僅把所有的東西變成金子，就連碰到自己的女兒或拿在手上的食物也都變成金子，資本有如擁有惡魔般的力量。當然和米達斯國王的故事不同，他可說因為對金子的饑渴而餓死，而資本讓資本家毫髮無傷，必須付出代價的是勞工。因為勞工特別不幸在於身為「活生生因此隨時需要補給的資本」。金錢相反的不僅擺脫惡名，還像鬼牌一樣：可以拿掉鬼牌，轉換，可以穿上某種外衣偽裝。

馬克思因此在無生氣和活生生的資本，在金錢和勞動力，在有產者和無產者之間看到無法消除的矛盾。這樣的經濟觀察方式讓他解開歷史過程的特定觀點，他的理論稍微清晰地呈現社會的疏離程度及其生產材料[2]。就像在經濟理論之中，個人觀點在馬克思學說當中並非根本，因為他的學說涉及以群體和族群為單位來思考，馬克思於是以階級概念和階級立足點來觀察。並非黑格爾所鼓吹的精神行動，而是物質的轉化和生產過程的條件決定歷史過程。

在自我精進並且變得越來越抽象的資本所描述的系統當中，卻有個伏筆，值得注意的是，這個伏筆總是出現在馬克思提出「**何謂資本？**」這個問題的時候。根據馬克思的思想，資本的最高形式就是錢，視情況呈現為金錢財產、經營資本或放貸資本。雖然馬克思依循

2 生產材料（Produktionsmittel），馬克思學說專有名詞，指稱生產所需物資、勞力、資源等等。

西元 1840 年前後　越來越多工會運動，1848 年的《共產主義宣言》對這些運動又發揮莫大吸引力。

亞里斯多德的學說，認為錢是種任意定義，卻一直舉出一些說法為資本增添類宗教特性：他說錢是**以色列人善妒的神**，不容許其他的神出現，還宣揚「貨殖[3]是人類最後以及唯一的目的」。馬克思認為這個原則就像病毒一樣感染一切和它扯上關係的層面，結果必然是：資本會造成異常，因此必須被廢除。當然，在馬克思建立金錢的惡魔論之際，他的《資本論》就出現最大的弱點：他沒有理性分析金錢，而是建立起負面神學。基本上這依舊是中古世紀對生息金錢的抗拒在作祟，根據這個學說，賦予無生命的資本永恆的生命有違自然，就像在自體受精行為下，從自身產生後代那樣不自然。

3 貨殖（Plusmacherei）指的是資本家追求附加價值及利潤的產生。

西元 1883 年　馬克思死後，恩格斯出版了《資本論》的其餘兩冊，所謂「科學唯物論」的學說終於完整。

電腦

從紡織機、計算器到人工智能

大家以為，數位邏輯的開端和我們的實際電腦相關，事實並非如此。或者進一步來說：因為人們走進一片和字母起源一般謎樣的黑暗之中，所以並未看清這個開端。這麼看來，針對這個主題能提的一切只會流於旁證，或多或少清楚，但是不具證據效力。二元邏輯的開端可能和打孔卡有關，是約瑟夫·馬利·雅卡爾（Joseph Marie Jacquard, 1752-1834）於一八〇四年為他的紡織機而發明——讓拿破崙感到無比振奮。雅卡爾的紡織機發展出第一部可編程的機器，一部可說由外

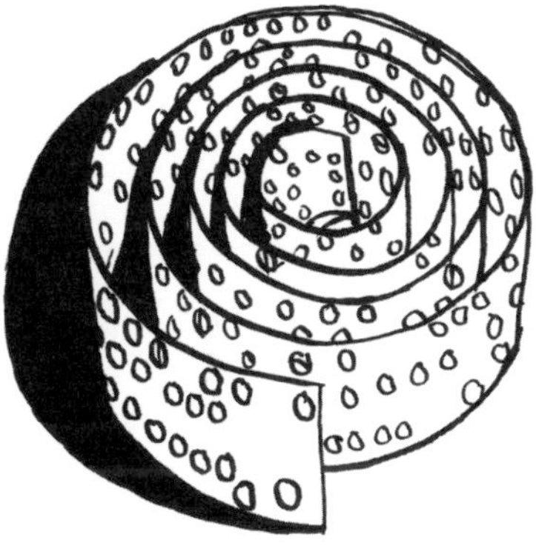

西元 1890 年　赫爾曼·何樂禮（Herman Hollerith, 1860-1929）設計一種打孔卡系統，被用於美國人口普查。何樂禮出售他的公司，這個技術最後發展成 IBM 公司。

部透過打孔卡設定而運作的機器。紡織機的一根針探測紙張：如果碰到孔洞，絲線就被拉起，相反則否。

受到這種機械的啟發，其他思想家如查爾斯·巴貝奇（Charles Babbage, 1791-1871）研發一種計算機器，以孔卡程式控制。雖然這種機器能取代成千上萬的工作人力（做天文計算的時候必須動用），雖然它接受英國國會的補助，但是它是如此的昂貴（在一個還沒有標準化及便宜螺絲的時代），使巴貝奇最後不得不中止工作。他的機器最大的缺點也許在於還以十進位原則運作——從十行一列到下一列要動用複雜而且容易故障的機械齒輪傳譯。巴貝奇其實精準領會程式化機器的本質，以此教化這部只有唯一一套程式可用的複雜計算機器，這部機器可比古老的齒輪之神，那些孔卡就像碟片，使這個齒輪之神變成碟片騎師（Diskjockey），此後其特殊神性才能就在於從一個程式碟片換到下一個：**神是DJ**。

西元 1936 年　約翰·文森·阿塔納索夫（John Vincent Atanasoff, 1903-1995）和克利佛德·貝瑞（Clifford Berry, 1918-1963）發展出第一部數位計算機。第一部電腦在二十世紀四〇年代末期、五〇年代初期才具備可用的功能性。

走向二元邏輯的真正突破來自一個門外漢，是比巴貝奇稍微年輕一些的喬治・布爾（George Boole, 1815-1864）。布爾的野心在於建立一門數學，可以計算一切，也就是不只以數字計算，還可以用蘋果和梨計算。接著他想像，代數符號 x 不僅可以指稱任何數字，還可以指稱任何客體，好比獨角獸。在他的想像裡（不應忽略布爾原本也想要當個傳道師），1 是代表宇宙的數字，0 則代表虛無，以這個定義來看，獨角獸（x）和 0 與 1 之間的關係因此就得以被精確說明，可以被寫成 1 − x 或 0 + x。同時 0 被用來表明偽說法（false），1 則表明說法真實（true）。簡而言之：借助 0 與 1，布爾得以將邏輯的真與偽、「唯此或彼」提升到新的層面。

布爾代數的確超越傳統數學。數字從此以後只是表面形式，和物、蘋果或梨位在同一個層級。這麼說來，把電腦稱為計算器就有所誤導，因為電腦用 0 與 1 編碼依循的是布爾代數，卻未曾計算。嚴

西元 1953 年　隨著福傳語言（Fortran / formula translation），最初的較高階程式語言問世。程式設計師在這之前必須像電極管一樣思考，這時他有自己的語言可用，它被轉譯成機械語言，或是如程式設計師說的：被編寫。

格說來，0與1不再是數字，應該被理解為中階運用。只要借助布爾用這兩個數學的「王者之數」衍生的小例子就可以看清這點。如果把0和0相乘，答案一直都是0。同樣的原則也適用於1。將這個特點以算式表達就是 $x = x^n$。

布爾於一八五三年發表他的想法（在他的《思想法則探索，以邏輯和或然率數學理論為基礎》〔*Investigation of The Laws of Thought. On Which Are Founded the Mathematical Theories of Logic and Probabilities*〕一書中），整個數學界完全不知如何應對。直到五十年後，戈特洛布·弗雷格（Gottlob Frege, 1848-1925）將「思想法則」做哲學利用，布爾邏輯學才真的被點燃，首先在哲學界，稍微晚一些則是在數學界。在三〇年代，人們開始思考可以自動製造真相[1]。像阿爾弗雷德·塔斯基（Alfred Tarski, 1901-1983）等思想家提出新的答案——中階語言[2]（要舉例一定要引用下列的句子：「唯當雪是白色，雪才是白色」）。

布爾邏輯進入實際電腦之前，還先進入英國數學家艾倫．圖靈（Alan Turing, 1912-1954）的腦子，他在一九三六年發表了有關可計算的數字的論文（*On Computable Numbers*），設計使用一張無盡的紙條，上面可說包含機器的所有程式，可以從一個程式換到下一個。基本上這只是雅卡爾、巴貝奇和布爾已經想到和做過的事情的合理後續發展，差別只在於這時可以用電晶管建構儲存器，儲存器當中的數字狀態可以任意操作。真或偽，0 或 1，從計算器（當時大部分由女性低薪助手完成計算工作，她們卻完全不解其中意義）變成一部顯得有**智能**的機器。

事實上，對人工智能的幻想也許是電腦最成功的作用，這也要歸

1 邏輯學判定合乎邏輯的語句為「真」，套用布爾邏輯得出的結果當然合乎邏輯，於是成為「真相」，因此作者半諷刺的說「自動製造真相」。

2 中階語言（Metasprache），用於描述語言的語言。

西元 1973 年　第一部個人電腦施樂奧托（Xerox Alto）上市。三十年前，IBM 老闆托馬斯．華生（Thomas Watson）喊出口號，認為世界市場頂多只能容納五部電腦；在 1977 年，這位數位設備企業領導者還認為沒人想在家裡擺一部電腦。

功於圖靈，他在二次世界大戰期間擔任密碼專家，破解德國潛艇密碼，戰後開始建造電腦，因為他深信不能苛求電腦參加選美比賽得獎，因此他集中在提升電腦智能上，設定迄今依然有效的標準。根據這個標準，如果電腦能讓坐在另一個空間裡的任意使用者產生特定性別的印象，這部電腦就算具備智能。

但是就圖靈的情況，這種性別判定還有個悲傷的後續故事。因為這個電腦先鋒是同性戀，在他那個時代並不被視為正常，而是被當成罪犯。有一天他找了個男子到家裡，結果失望地發現那個人偷東西，他報了警，趕過來的警察卻對竊案毫無興趣，反而注意到他公寓裡散放的報紙。調查的結果使得圖靈被控以嚴重猥褻罪，審判後被施打女性荷爾蒙。他厭惡地發現自己胸部隆起，身心受到極大傷害，因此決定自殺。鑑於他死亡的方式[3]，他死時不太可能想著塔斯基的真相理論，比較可能是眼前閃過他在一九三八年看過的卡通電影：迪士尼的

西元 2008 年
全球使用的電腦已經超過十億部。

《白雪公主》。不管怎樣，好似圖靈不願死去，他只是吃下毒蘋果，被保存在玻璃棺裡——而如果他不死……

3 圖靈因食用浸過氰化物溶液的蘋果而死亡。

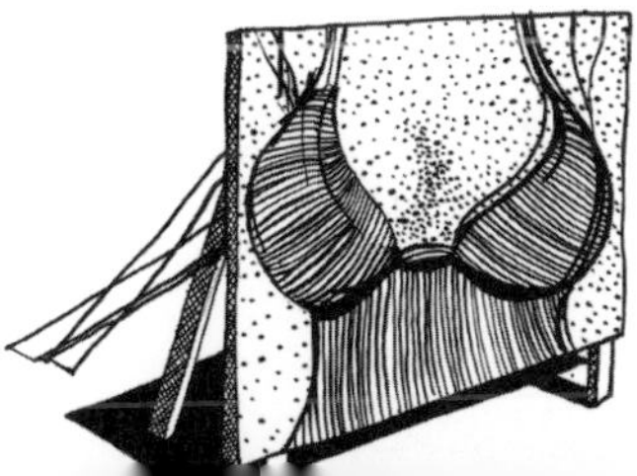

無意識

追夢人佛洛伊德

「無意識」是一旦出現在世上就不可或缺的思想客體之一。佛洛伊德認為「無意識乃是我們的原始部分」，這句話變得司空見慣，就像在派對裡隨口說說，雪茄有時只是雪茄。但是在無意識發現者定義它之前，它就像某種異物，在醫學生佛洛伊德負責的研究領域也有相同情況：鰻魚研究。這個勤奮的年輕人一整個月都在解剖鰻魚，一直尋找那謎般的雄鰻魚，海底生物似乎不會有雄性（一九二二年才解開謎題，有個丹麥研究者發現，鰻魚前往薩拉戈薩產卵處的路上才會長

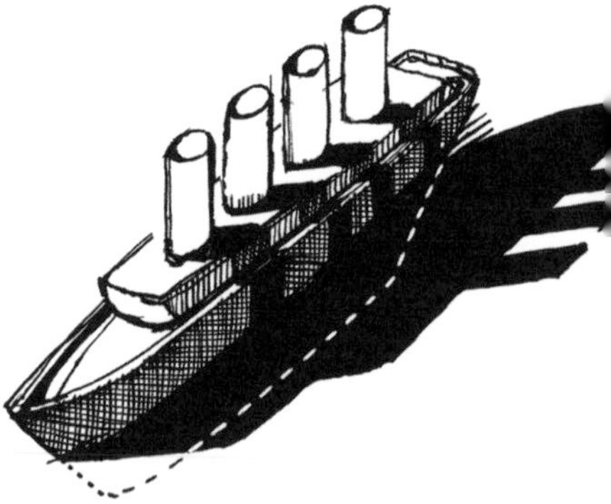

西元 1780 年前後　神醫法蘭茲・安東・梅斯莫（Franz Anton Mesmer, 1734-1815）藉著動物磁性說（animalischer Magnetismus）在巴黎受到矚目。這個學說將磁學及電學現象結合無意識根源和暗示。

出雄性性器官）。海洋世界對年輕佛洛伊德造成的印象如此深刻，使他甚至給第一任情人一個有點「滑溜」的暱稱 Ichthyosaura，也就是「母魚龍」之意。

這個在女性面前非常害羞的年輕人，直到三十歲結婚時才發生第一次性關係，無疑就像被驅使著，致力於找出自然謎題的陷阱。他在夢中幻想自己是哥倫布，是個探險家，解開千年的謎題。而因為十九世紀末的世界再也沒有未被發現的處女地，他就轉向（依照浪漫主義格言：「充滿神祕的道路通往內在」[1]）人內在的未知部分。但佛洛伊德並非浪漫主義者，而是接受了嚴格的自然科學教育。於是他解剖人的大腦，試著理解某些失能狀態何以發生，好比突然的失語，就像有個原本英文流利的年輕女性，一瞬間完全失去英語能力。相較於他

1 語出諾瓦利斯（Novalis）之《花粉》（*Blüthenstaub*），一七九八年發表。

西元 1800 年前後　無意識的思想在浪漫主義變成一種詩意的力量。一切和夜晚、夢境及怪物有關的，都被賦予正面想像。

之前一直深信人腦是部機器，接收訊息，加以處理然後以變化後的（可能是病態的）形式轉發出去，這時他開始產生懷疑，歇斯底里是其中最大的矛盾。如果機器所提供的能量不再多於它吸收的，怎麼會發生這種歇斯底里的抽搐？以畫面來說明：絕對關機的機器如何發展出自己的生命，發生錯誤作用？歇斯底里就是這樣：它導致沒有原因的症狀。為了澄清這個問題，佛洛伊德轉而研究歇斯底里病人的生命史，並非因為他特別有人性，而是因為歇斯底里在腦部研究的意義，就相當於鰻魚在自然哲學當中的重要性。

面對這個謎題，佛洛伊德在他算是最值得注意的文章〈心理學概要〉（Entwurf einer Psychologie, 1895）發展出一個腦部神經模組，其主要目的在於解釋「歇斯底里性退化」，同時卻也展示了一個神經病學的整體模式。他顯然認為歇斯底里乃是創傷經歷受壓抑而使然，例如性虐待。經歷被壓抑，但是出現在另一個方面，以改編、扭曲的形式

西元 1880 年　法國神經學家尚・馬當・沙可（Jean-Martin Charcot, 1825-1893）在硝石庫醫院（Hôpital de la Pitié-Salpêtrière）開始「星期二講座」，歇斯底里患者以及其他神經疾病患者被展示在驚訝的觀眾面前。就像按下按鍵一般，他的病人也配合演出，因為當時已經開始將這些病徵拍照以及用影片記錄下來。

再度浮現。但當佛洛伊德（像個偵探）嘗試檢驗故事的真實性，他發現其中蹊蹺，虐待的故事多於虐待的父親數量。發現這個事實，同時引發佛洛伊德最大的精神危機，促使被佛洛伊德稱為無意識的思想客體誕生，因為在絕望之下，他以心理學取代自然科學。

從前所說的具體、可測量、可經自然科學檢驗的感官刺激，這時都應以**願望**取代，這是他最重要作品的主旨，這部作品展開新世紀：《夢的解析》（*Die Traumdeutung*, 1900）。他在書中寫著：「夢是願望成真。」但是這些願望從何而來？根據佛洛伊德的解釋，它們是人類部族歷史的殘餘物，被壓抑的願望，而人可說帶著這些願望降生在世界上。於是可說孩子被注入「家族」的原始故事（小男孩愛母恨父，因為父親佔據母親）——而且有意識的人對這些遠古歷史的殘影一無所知，這些影像只在夜晚和夢境裡成為主題，也就是意識無法主宰之處。

西元 1902 年　佛洛伊德成立「週三夜間沙龍」，即是後來的維也納心理分析協會（Psychoanalytische Vereinigung）的前身。

佛洛伊德的確認為我們不曾以直接形式，而是只以加密的形式接觸無意識是重點所在。他拿無意識和俄國報紙相比較，俄國報紙因為經過審查而被塗黑，只以支離破碎的形式呈現在閱讀大眾眼前。基本上任何文化形式都呈現出破碎形式，抹煞人類的原始願望，但是審查並沒有用，因為被禁止的會再度回歸：「無意識乃是我們內在的原始氏族」。想想是什麼原因讓佛洛伊德出現無意識這個想法，那麼可以說無意識這個主宰使文化本身（連同所有機制）遭受普遍懷疑。原則上只能感覺「文化裡的不自在」[2]，因為文化供應我們罐頭湯、味精和替代品，卻也剝奪我們的原始願望。

2 作者借用佛洛伊德評論文明發展的重要著作書名（*Das Unbehagen in der Kultur*）。

西元 1918 年　在布達佩斯舉行的國際心理分析會議，使無意識成為廣為流傳的精神流派（第一次大戰的災難提供該學說範例）。

檔案夾

官僚世界的統治基礎

鑑於精神面的黑暗，對檔案夾居然還有讚美之詞似乎有點奇怪——畢竟官僚世界對我們而言主要是個法規叢林，二階觀察的沙漠地帶。而偉大的社會學家馬克斯·韋伯（Max Weber, 1864-1920）自行擔負起這個任務，描繪出現代統治模式。傳統的統治形態雖然已經對職位和任職者做出區隔，依舊沒什麼規範（當時可以買官，進一步把官位變成繼承物），現代和官僚統治的基礎相反的在於以經過規範的方式做決策，尤其是以書面確立。因此記錄在檔案裡的行政決定可以由

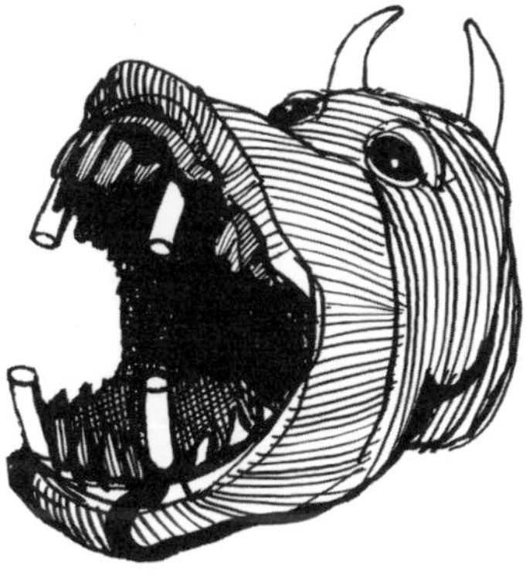

西元 1750 年前後　新造出來的字 Bürokratie（官僚體制），由法文的工作室寫字桌（bureau）和統治（kratos）結合在一起，1894 年的德國麥爾（Meyer）會話百科全書翻譯成「寫字間體制」。

公務人員傳給下一個，從某個局處傳給另一個——就本質而言還是透明的，就像利維坦——集體人——親自完成這個工作一樣。現代政府和腐敗的「香蕉共和國」的區別就在這裡，香蕉共和國所做的決定都沒有記錄，差不多是道聽途說和一知半解，沒有交給職業官僚辦理，經常把工作交給親信好友、信賴的人或僕人去完成，可能是叫喚過來，或者剛好適合。

韋伯觀察的統治者應該歸類於單一管理制（Monokratie），也就是沒有雙重定義和權能重疊。如果把政府機關想像成一部文件處理機，那麼有些文件就能被擁有不同書寫權利的特定管理單位處理。如果公務人員X離職，具備同樣資格的替代人員就補上位置。除此之外，文件本身（管理程序）連結特定規則。例如一份文件可被要求「重新提交」，結果文件就會自動在特定時間出現在公務人員的桌上。光是這個過程就呈現出權利的轉移：因為再也不由個別人員主導過程是否

西元 1794 年　普魯士一般邦法規範為國服務的人員和國家之間的關係，於是出現職業公務人員，活生生的實體「檔案夾」也隨之問世。

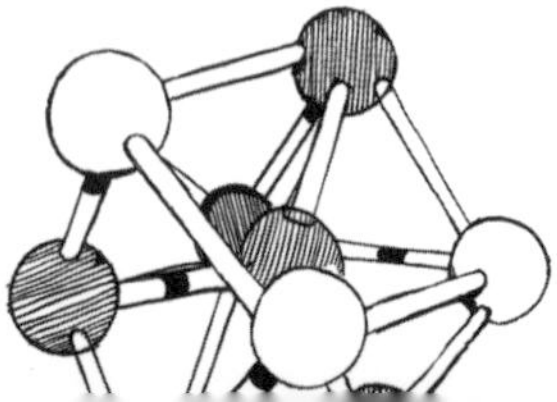

發生，而是取決於規則，文件本身（管理程序）就具備這個規則。這種自動自發無疑有個鬼魅般的層面，卡夫卡（Franz Kafka）絕對是最能掌握這個層面的作家，他的小說是瘋狂官僚制度的內在觀點。韋伯在這絕對權力的**官僚主義惡魔**身上，看到的當然不是摩洛克神（Moloch）[1]，反而認為現代官僚制度具備理性和實務性。列寧（Vladimir Lenin）也有類似的看法，當時他行囊裡揣著革命計畫，正啟程到俄國去，剛好將德意志帝國鐵路——現代效率和秩序的樣板，當作革命官僚的楷模。

不管現代官僚體系產生哪些詭異的特徵，都是我們電腦運作的歷史先驅，即所謂的**操作系統**，電腦裡也有「登錄」（registry），也負責記錄變化，如果設定日曆，也可以將特定檔案「重新提交」，只不過

1 古代腓尼基人所信奉的火神，要求以兒童獻祭。

西元 1886 年　佛列德里希．索內肯（Friedrich Soenneken, 1848-1919）除了被視為打孔機發明人，也發明第一代的檔案夾，由路易斯．萊茲（Louis Leitz, 1846-1918）在他的整理用品金屬零件廠繼續發展成聞名的萊茲檔案夾。

不再由公務人員進行，而是讓機器解決這件任務。網路上找得到的文件也納入檔案管理的智慧：維基百科裡的文章不是只有經常由多人共同撰寫的條目，還記錄著修改紀錄：可以回溯條目的每一次變更，可以察看紀錄的討論，出於何種因素而進行變更。

西元 1922 年　馬克斯・韋伯死後才出版的著作《經濟與社會》（*Wirtschaft und Gesellschaft*）讚美官僚體制，它在這個時代顯然早已覆上陰影。

炸彈

催生網際網路的毀滅力量

在偉大思想的歷史當中，炸彈有何地位可言？想獲得答案，也許得問問狂妄自大的人，也就是臭名遠播心胸狹窄的人。答案很簡單也很容易理解：擁有炸彈的人，在強權者之間就有話語權，他能挑戰他人。炸彈是強權者一直夢想的。共和國（res publica）是民族國家之母，呈現為實體的國家，是它的新穎之處，前所未聞的程度就像中古世紀的聖餐變體奇蹟，宣稱聖餅不只是小圓餅，而是在領用的那一刻的確是聖體。國家以相同方式變成物體，而這種物化有多可怕，也許

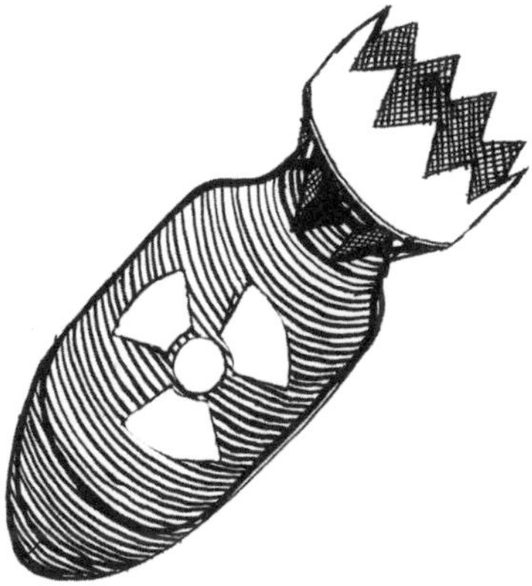

西元 1934 年　匈牙利物理學家里歐・西拉德（Leó Szilárd, 1898-1964）在思索原子連鎖反應的時候，發現原子彈的可行性。

只能回到之前的時代才能加以衡量，也就是以法國國王的觀點端詳這個世界，而國王卻正聽到接受他善舉的臣民說：「先生，您也只不過行禮如儀。」

相較之下，只要按個按鍵就能造成大屠殺的絕對權力卻有所不同，也許發狂的小市民需要希特勒和史達林，才能讓行使權力的儀式變成現實。實際力量才是擁有炸彈者能自我衡量的重要確切性，他們的權力是真實的，熔煉成實體。如果把原子彈的基本成分取走，剩下的物質不比汽車電池大多少。然而，如果看到承受過原子彈作用的人，被照射廣島的致命閃光烙印在地面上變成黑影，這般災難根本無以名狀。這顆炸彈代表權力上升到極致恐怖，因為霍布斯「會死的神」如此一來再也不只是思想產物，已經變成事實。

為了理解這顆炸彈，或許不必看著擁有者的狂人眼神，而是應該檢視物的邏輯。一開始是競賽，美國人得知納粹德國正在製造神奇武

西元 1938/39 年 奧托・哈恩（Otto Hahn, 1879-1968）、莉瑟・邁特納（Lise Meitner, 1878-1968）及弗里茨・施特拉斯曼（Fritz Strassmann, 1902-1980）發現核分裂反應。

器，很快地，一座巨大的研究機器被建造起來，也許是有史以來最大的祕密行動。例如美國化學公司杜邦的董事被集結起來討論，為了國家利益需要他們的合作，而且合作可能造成危險，可能造成公司結束，在報告後面列出了細節。這些董事怎麼做呢？他們沒有更動這份文件。參與曼哈頓計畫的人都還沒為計畫命名，有些人甚至懷疑計畫是否有用。他們將之稱為那個「東西」，在俄國則被稱為「產品」，顯然為了讓該計畫染上一些勞動色彩。在飛機出發前往日本執行死亡任務之前，這個東西終於有了名字：三位一體（Trinity）。

戰後展開恐怖平衡時，這種炸彈顯然不僅產生物質的核分裂，還分裂了迄今被視為牢不可破的東西。當炸彈落下，會造成周遭的汽車完全無法運作，電話線路被破壞，那麼一國的總統該如何得知國家正遭受死亡攻擊呢？因為他無法透過現有技術工具得知，宇宙政治於是展開，把衛星射進天空，預防性地確立所有飛行運動。為了處理無數

西元 1942 年　曼哈頓計畫集合了數百名科學家（其中也包括西拉德），在接受祕密條件下，於洛斯阿拉莫斯（Los Alamos）建造原子彈。

資料，就開始催生巨大電腦系統，同時任命一個研究團隊解決**溝通黑暗期**的問題。所提出的解決之道非常明確，因為只要還有一條線路通往中心，消息就可以被轉傳。

但是如何在線路混亂中找出這條線？只有寄送方獲得回報，得知消息是否堵在某條線上才可以找出這條線路。無論如何，被多次複製的類比訊息隨著時間消失在線路中。新的溝通系統因此不可是類比訊號，必須是數位訊號，訊息必須永保如新，保持處子狀態，回到寄送者這一方。其中所設計的就是網際網路，但起初因此振奮不已的是民間人士而非美國軍方，於是一九六八年的軍事高等研究計畫署網路（Advanced Research Projects Agency Network, ARPAnet）就變成我們今日所知的網際網路的研究網路。

但是，這和炸彈有什麼關係？唉，真相奇特到難以描述。建立第一個網際網路節點的道格拉斯・恩格爾巴特（Douglas Engelbart, 1925-

西元 1948 年　蘇聯引爆氫彈之後，賢者系統——即半自動地面防空系統（Semi-Automatic Ground Environment, SAGE）開始進行電腦操控的美國領空監視。1957/58 年，第一顆衛星被送上太空。

2013），也以滑鼠發明人進入電腦史冊，他是怎麼成為電腦先驅的？那是一九四五年八月，這位年輕下士搭上一艘船離開舊金山海港，這時傳來投擲原子彈的消息，所有的士兵當然想立刻回家，但是他們卻被送到太平洋。年輕的下士在那裡讀到一篇由萬尼瓦爾·布希（Vannevar Bush, 1890-1974）所撰寫的文章，內容關於未來世代將如何思考，這篇文章就像預言一樣，基本上描寫了我們今日從電腦**桌面**所見的一切——讓這個年輕士兵**閃電般**明白自己的未來會變成什麼樣。這時他根本對這個陌生作者的過往一無所知——萬尼瓦爾·布希就是負責原子彈計畫科學協調的人。

西元 1964 年　保羅·巴蘭（Paul Baran）發表網絡理論，旨在解決溝通黑暗期的問題，成為 ARPAnet，亦即後來的網際網路的礎石。

性

市場經濟的催化劑

多令人失望！買了一本書，不僅宣示澄清哲學深淵，居然還承諾要做性啟蒙，結果呢？就直說吧，只有事情不再發生的時候才能談論，作者感同身受地承認，真令人沮喪，發生在我們身上的事，就像那個只想要一隻女鞋的男人，結果卻必須將就著接受一位女士。只想要快速和骯髒性愛的我們，卻只聽到一些空話。或者就像歌手小扎奇（Zazie）在捷運裡唱著：「你說呀說，說了又說，說了再說——你就只剩一張嘴」（她也許發現所有跟性有關的疾病的最後一種：多語

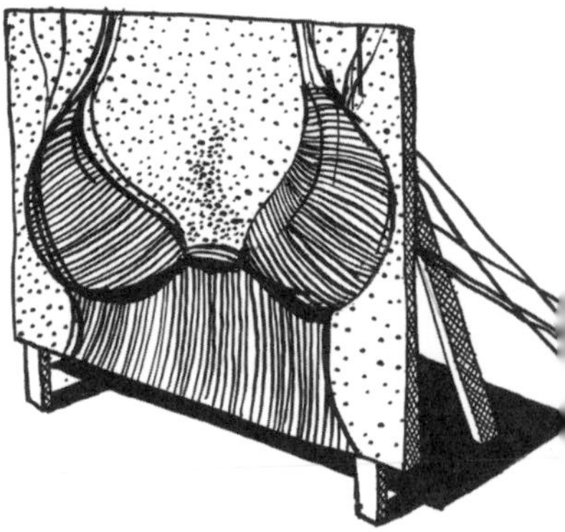

西元 1830 年左右　傅利葉的社會方陣（soziale Phalanx）指向慾望和情慾的經濟化，越來越受到重視。

症，不想停止談論有關性的高傳染廢話）。但這也許正是提出問題的原因，何以性從我們的生活被驅逐，轉身展開銷售經理的職業生涯，但這種職業生涯也不是因為《慾望城市》（*Sex and the City*）的製作才開展，它的源頭還要早得多。中古世紀的道德祈禱書，就已提醒年輕女孩不要把她們的「小珠寶盒」隨便浪擲，而是要儘可能帶來利潤地投資。

直到啟蒙時代，性才獲得應有的榮耀，提升到社會理論的高度，特別值得一提的是薩德侯爵（Marquis de Sade, 1740-1814）和傅利葉（Charles Fourier, 1772-1837）。薩德侯爵在世時就獲得浪蕩子的美名，傅利葉是個充滿失敗的愛花人，也以女同性戀的追求者而被載入史冊，因為發現性是經濟潤滑劑，至少被掛上輝煌的一頁。但是這些性先鋒的文字並不那麼令人興奮，讀者反而感覺這是結束的開端。薩德侯爵粗魯獨斷，他的文章讓讀者猜測，雙腿等長的匈牙利女人不僅是

西元 1850 年　性在維多利亞時期必然導致雙重標準。在公開場合表示難以接受，性藏在千百種形象之後，在小說裡，好比薩赫－馬索克（Leopold Ritter von Sacher-Masoch, 1836-1895）的《穿著皮草的維納斯》（*Venus im Pelz*），此外也藏在祕密社會裡，人們在其中脫下所有遮掩，除了面具以外。

道德問題，更是個幾何問題（在書中，僅出於這個因素，這朵匈牙利之花必須被一個罹患梅毒的園丁從世界剷除）。傅利葉則鼓吹正面攻擊中產階級的虛偽道德，想把社會變態加冕成國家特徵（可說變成眾所嚮往之處），依循美好的少男之愛傳統，性顯然是受到偏好的教養工具。因此他並未停止描述感官愉悅的遇合，更規劃撒哈拉沙漠的灌溉工程，並且完全不用較大筆的資金，只要在男工人面前擺出誘人的處女，讓女工期盼適當的男娼即可。男性以女人，女人以男性支付工資，年老的人則由機構負責性照料。

十九世紀，維多利亞時期，讓兩性完全服從徹底的去性別化教育被視為要務，這兩個思想家是那麼恬不知恥，其中之一（薩德侯爵）死於瘋人院，另一個因信徒的推崇而感到窒息（他們只借用他的社會主義口號，好比無條件基本收入計畫，卻非他有關性的主張）。但是來得早不如來得巧，的確正是資本主義本身重新活化傅利葉的思想，

西元 1900 年　性科學成立。思想家如馬格努斯·赫希菲爾德（Magnus Hirschfeld. 1868-1935），還有里查·克拉夫特－埃賓（Richard von Krafft-Ebing, 1840-1920）以其著作《性精神變態》（*Psychopathia sexualis*），使得對性的多種面向出現嶄新觀點。

因為廣告經理們的宣傳口號就是「性能刺激市場！」（Sex sells!），聽起來就像反推論的廣告詞「小氣至上！」（Geiz ist geil）。隨著經濟性感化，薩德侯爵和傅利葉的著作都恢復名聲，卻也需要進一步的解釋，因為意義轉換無疑已經發生，金錢——以真相曾經可以兌換成金塊而言，似乎變得滿酷的。舉例而言，假設有個火星人在十九世紀末已經造訪過我們的小世界（眾所周知即開始妄想幽浮的時代），今日又來一趟感性之旅，回到記憶裡的地方，把前後差異描繪得更清楚——我們的外星朋友應該無法壓抑想要踏進宇宙性愛店的想法。就連檔案夾也只有和擁有漂亮女秘書的渴望連在一起，甚至產品揮發出情慾氣息時才賣得出去，表明了並非某種東西是普世商品（貴金屬），而是——性。經濟學家可能會說，我們只是不再生活在黃金本位的美好時光。要不是提過的「**人貼人**」這個詞已經有很明確的意義，不然挺好用的——但是宣稱人已經變成人力資源（也就是變成活生生的硬

西元 1945 年　心理分析師威廉・萊希（Wilhelm Reich, 1897-1957，相當受到傅利葉的影響）發表《性革命》（*Die sexuelle Revolution*，其實早在 1936 年就已經寫完）。後來陸續出現重大而且值得注意的性學研究（好比《金賽報告》〔*Kinsey-Reports*〕等）。

幣），這個說法倒是能說明性果然具備生產力。

今日說起「關注型經濟」[1]，其實只是優雅轉譯一種情況，亦即性革命也沒有放過經濟層面。經濟的基本問題就是商品到底是什麼，從前所有想得出來的東西都缺乏的時代，只從物質商品尋求幸福，過剩社會卻讓人看清，無限制生產的廉價商品不一定就會引發購買慾望。因為在商品這一面是無望的過度供給，消費者的關注就轉向分辨的要素。當他重新認識特定商標品牌，認定品牌達到相當品質，就能帶來附加價值。一如「品牌抄襲」這個字眼所指涉的，產品的價值並不在於產品本身，而是在於它所引發的消費者幻想。若是穿上印著Calvin Klein或是Dolce & Gabbana的T恤，我擁有的究竟是什麼？印著這些文字的白色棉線本身一定沒那麼高貴，高貴的是這幾個字傳達的幻想。關注本身變成最珍稀的商品。

我們身邊所有物品都是一系列而且可複製，我們的眼光和感知卻

西元 1962 年　前飛行員貝阿特・烏瑟（Beate Uhse）的商業生涯要歸功於一本啟蒙書籍《作品 X》（*Schrift X*），她在德國佛蘭斯堡開了第一家性愛用品店。

不是。如果將關注理解為珍稀商品，許多事物都能輕易加以分析，瞭解何以受到關注的名人只要現身就能收到巨額的廣告合約和公眾磁場。這種升級，最高劑量的關注又何異於情慾？性刺激銷售！身為浪漫主義者的您這時或許會問：那麼性呢，真實的性呢？有些人以為在年終的時候可以碰到，但是如果我記得沒錯，早在年中嘗試的時候就失敗了。

1 作者意指引起關注才能帶來利益的經濟模式，比如藉助性或可愛動物。

西元 1968 年　隨著學生運動，性革命具備街頭運動能量。在同一時間，經濟學發展出人力資源這個概念。

資訊

串連在一起的僧侶

毫無疑問：我們生活在資訊社會裡，古老的書籍社會似乎已經過時。有些消息特別靈通的當代人對書籍過氣覺得不關痛癢，只想確立全球知識達雙倍的時間範圍，卻當然不會想到如此一來知識的半衰期也縮短了。資訊根本就有兩個頭：一方面應許啟蒙效果，但是又讓陌生人能和我通電話，或是接到幾百封無意義的垃圾郵件（例如「讓你的太太永生難忘：威而剛！」），到底符不符合我的資訊需求卻值得懷疑。這個概念的雙面性與其形成有相當關連，資料一直有個暗黑雙

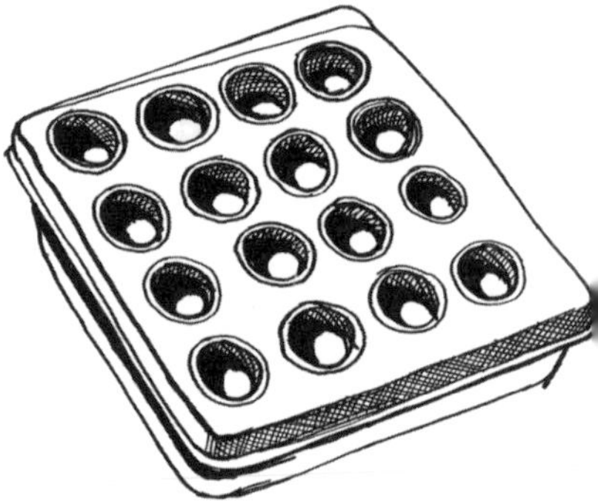

西元 1877 年　路德維希．玻茲曼（Ludwig Boltzmann, 1844-1906）以熵（也就是混亂的量，精準而言：熱損失）建立一個理論，讓特定系統狀態得以被固定。即使通常被誤解，該理論對早期資訊概念——在符號和雜訊之間搖擺——具有根本意義。

生子如影隨形：雜訊（亦即多餘的資訊，干擾線路的訊號）。

但是究竟何謂資訊？拉丁文 in-formare 意謂**塑之以形**，可以從中看出，資訊是壓印（亦即印刷技術）傳統的一部分。回想一下雅卡爾的紡織機，用孔卡設定運作，那麼可以把資訊理解為是否應在某處打孔的決定，資訊的基礎度量因此是二元邏輯——知識達雙倍的主張的確和所謂知識訊息含量無關，而是和可測量的訊息相關，也就是位元及位元組。一位元，最小可想像的資訊單位，代表的就是：打洞或不打洞，真或偽，1或0。一個位元組由八位元組成，一個千位元組有一〇二四個位元組，然後增加到難以想像的兆位元組（Terrabyte）、拍位元組（Petabyte）和艾位元組（Exabyte），但是這些都只是一個《聖經》句子的濃縮[1]：「你們的話，是就說是，不是就說不是；若再多

1 出自《馬太福音》第五章第三十七節。意喻超量資訊並非好事。

西元 1948 年　計算機控制學者諾伯特．維納（Norbert Wiener, 1894-1964）不僅被視為生物學的科學神童，也在數學方面有所表現，鼓吹資訊社會這個概念。引導這種社會的工作當然理應交給計算機控制學者（希臘文意即掌舵人）。

說，就是出於那惡者。」

依循福音書的自行揀選原則，資訊概念並非在知識那一方面形成，反而可說是從處理資訊的機器那方設想的。數學家克勞德·夏農（Claude Shannon, 1916-2001）的文章〈溝通的數學理論〉（Mathematische Theorie der Kommunikation, 1948）尤其研究資訊傳播，釐清訊息如何被傳送者編碼，餽入溝通管道，在目的地被解碼，然後傳達給接收者這個問題。對資訊的想像因此和量沒有關係，只是嘗試計算訊息是否不受干擾地達到目的地，其中又有多少被管道的雜訊吞噬（隨著數位化而消失的問題）。夏農這個人比起他對資訊的貢獻有趣得多，不僅因為他老是騎著單輪車，要把戲似的在研究所通道裡騎來騎去，他還因為發明一部雜耍機器、一個火箭推動的飛盤、一部判讀思想的機器和一部下棋電腦而聞名。雖然測量消息的訊息含量以他的名字命名為夏農容量，但是這種對資訊的純量化觀察依舊十分可疑，因為無

西元 1982 年

電腦被《時代》雜誌（*Time*）選為當年風雲人物。

意義的電子郵件多重寄送阻塞我的硬碟，讓我不禁要問世界白癡加倍的速度是否比全球知識倍增的速度更快。此外，大部分的概念定義，唯有具有新奇值才算資訊，但這意謂任何消息本身有時效性，效期一過，消息可說就自行銷毀。

資訊社會起初只意謂著社會以數位商品，也就是說可快速傳遞的商品運作，尤其是多種客體不再以物質形式，而是以文字形式呈現。於是我們又轉回頭觀察雅卡爾的紡織機，基本上其中發生機器和智能分立，硬體和軟體分家。從前的機器（齒輪機械）被加入智能成為智慧型機器，而且機器只能執行單一同一程序；但是雅卡爾的紡織機如果換一種孔卡程式，就可以轉變成另一種機器。這也表示將加速新機器的發展，尤其是非物質性的機器（即程式）。但是如此一來，我們就面對根本變化，也改變了社會。

如果個人獲得資訊，這對個人有何意義呢？更重要的：從何時開

西元 1990 年　提姆・柏內茲－李（Tim Berners-Lee, 1955-）創造了第一個網路瀏覽器，設定 html 規格，網際網路因此流行起來。

始呢？想回答這個問題，就必須回到還沒有把資訊這個概念當作數學概念來處理，而是只把資訊刻畫在身體上的時代，不管喜不喜歡。那是一七四六年，在廣大的原野上有六百個僧侶以鐵線相連，其中有個僧侶碰到一個奇特的容器，裡面裝著水，從中還伸出某根像天線的東西，結果發生什麼事？串連的僧侶們開始痙攣地抖動。這個安排並非神祕事件，而是嚴格的科學實驗，因為其中使用的容器是萊頓瓶，這是個濃縮器，能儲存一定量的電能。這個實驗的根本提問是：電的移動有多快？是不是像全球足球場都有的那種人浪？

答案相當清楚：沒有，電流以真實時間（real time）流動，沒有相位偏移。因此所有的僧侶在**同一時間接收訊息**，更重要的是他們形成前所未見的東西：串連的大量聚合體，一個集聚的軀體。如此一來，我們就向資訊社會之謎跨出決定性的一步，尤其是它的歷史根源：因為十八世紀以來，隨著加速的印刷、電報、電話、收音機、電

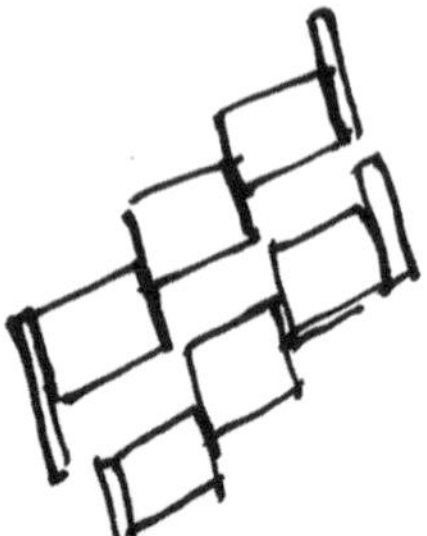

視，我們的社會越來越像上述串連在一起的僧侶，而隨著網際網路達到一個層面，產生世界智能同時無所不在的感覺，我和所有的、每個人都串連在一起，自覺像個巨量人和全球主義者。

西元 2003 年

我兒子說他同學是「這麼一個複製貼上的人……」。

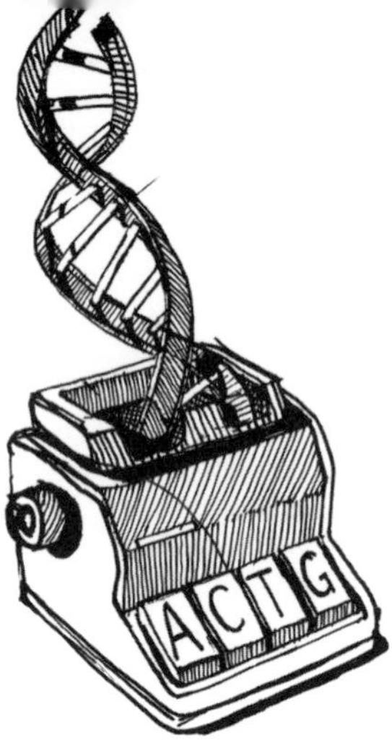

DNA
大自然的字母？

因為我們從ABC開始，以DNA來結束偉大思想的小歷史相當合理，另外也算是個人告白——我不相信DNA。為何這麼說？也許只是因為——為了強調我的立場——DNA是個信仰問題，它對今日的我們所具備的意義，就和中古世紀神的判決對人類的意義一樣。我完全不反對自然科學知識，也不反對這個模型所帶來的知識附加價值。如果異議有個方向，那麼就指向基因學跨越自身邊界的那一點，變成信仰系統，抵觸啟蒙的嚴格法則。但這似乎正是基本動力，根據

西元 1950 年　艾爾文・查戈夫（Erwin Chargaff, 1905-2002）寫出鹼基 AD-GT 的成對邏輯，看著自己的學生華生和克里克以他們的雙螺旋譬喻（1953 年）成為世界明星。

某個可能的自然事實而建立，比建立在人類的想像力上更有吸引力。

我還記得：某一天，在柏林圍牆倒塌前不久，我身在一個年長猶太科學家的紐約公寓裡，他是一連串和我討論過人工智能的科學家的最後一個，更重要的是，他是華生（James Watson）和克里克（Francis Harry Compton Crick）的老師，他們兩人在一九五三年向世界展示了雙螺旋模組。我個人（對生物學和化學不甚理解）之所以來到這裡，原因在於我站在錄音間，在試聽帶上看到「混種」（hybrid）這個字眼。突然間我認識到：此時我所做的一切基本上是基因操作，我切割符號鏈然後再重組。當然，符號不是克隆複製的生物，但那畢竟是人的聲音（也許聲音比任何身體更能描述靈魂所在）。因為我想了解這中間的關連，於是我坐在高聳出曼哈頓眾多屋頂那漂亮、有點老式的公寓裡，聽著這個矮小的男人說話，他一生都在書寫生物化學，為DNA的發現做準備，但是如今卻被迫傾聽他學生的長篇大論，只好

西元 1990 年 人類基因組組織（HUGO）要解開人類基因編碼。1992 年卻產生分歧，指定的領導者華生離開該計畫，因為他拒絕讓基因序列受到專利保護。

極為輕蔑地稱其為「基因造假人」。

坦白說我明白這種不甘願，就像我了解基因學所發出的吸引力。有兩種文化傳統在DNA裡連結，其一是無法滿足的好奇心，從上古時代就籠罩歐洲，那種理解和控制大自然的期望。其二是尋找一個大自然的書寫系統的動力，正如十九世紀有個思想家所說：「大自然的書寫筆」。在追尋過程中想出越來越聰明的書寫系統，使字母因印刷術而廣為傳播，活字版以孔洞取代，然後以二位元編寫載入，顯示這些追求對思想精神而言十分有益。即使如此，還有個問題：何者先發生？因為這裡談的不是雞和蛋的問題，而是文字和自然科學，這個問題絕非無法決定。因為就像先有字母才有希臘自然哲學，DNA也先於資訊概念。華生和克里克把他們的基因模型介紹給專業世界的文章標題就是「大自然的字母？」（Letters to Nature?），這個標題裡不就已經藏著他們的主張，認為基因的四個字母縮寫成的單字（AGCT）

西元 1995 年起　越戰期間就已經生產提供化學武器（橙劑 / Agent Orange）的孟山都公司投入基因改造食品經營。不久後成為世界主要供應商，極力捍衛自己的利益。

先於大自然嗎？那麼大自然不就只是基因程式的實現，就像文字片段，也可以好好的進行改寫嗎？

也許善良的讀者讀到這本書的最後，已經發現何以不去論述眾所熟知的偉大思想的歷史有其意義。哲學家可能一度認為，學會字母符號就學會神祇的語言，基因組這時就像宇宙藍圖，是個建構計畫，比創世紀更早。但這只不過是種信仰，仔細說來可說是一種自我蠱惑的形式。

其中的技倆很簡單——柏拉圖和康德早就完美掌握。如果想要從高帽子裡抓出一隻兔子，就要事先把兔子塞進帽子裡。否認這個關連，反而談論大自然的事實，恰恰描繪出自然科學的墮落。對知識的渴望在這時轉化成傳教的熱切，研究者異變成「基因造假人」，釋放自己的偏見並非偶然，尤其當他不把自己理解成書寫者（當作小說家），而是宣揚無可反駁的大自然真相的人，就更不忌諱了。只說明

西元 1996 年 桃莉羊，第一隻被複製出來的哺乳動物誕生。雖然羊的壽命可達二十年，桃莉在六歲半的時候就被安樂死，因為極早就飽受關節炎和老化症狀的折磨。

雙螺旋模型絕無法滿足華生和克里克，還要把他們的學說加上所有稀奇古怪的東西：黑人的性慾活躍但沒那麼聰明，靈魂只不過是巨大的分子堆，把認定為同性戀傾向的胚胎從母體墮掉比較好，一堆「確知無誤的事」，強力宣傳的可怕程度不下於西班牙宗教裁判的無所顧忌。

但是，也許這一切正是DNA也屬於偉大思想世界的證據。也許任何偉大思想都是巨大的誤解，或是個大謊言，端視情況而定。但是這些思想絕非出於欺瞞意圖而被釋放到這個世界裡，完全相反，正是可以讓人共鳴的期望使我們受騙，擁有某種不可或缺的方法的期望尤其主導一切，那是一種精神協調和指引系統，協助我們在艱困的世界裡生存。魔法時代投入動物內臟，研究鳥類飛翔和其他神蹟，我們對預言的需求只是被機械化，把這些需求放到機械內部，放到書寫系統邏輯裡，以及放在假定的專家知識裡。所有這些知識畢竟具備社會

共識結構，因為一個時代大部分的人分享同樣的知識，最奇怪最不可能的事都能變成社會黏合劑，變成**社會現實**，但就其本質卻只是幻想。這或許是何以我在無垢受孕教條裡看到最偉大的發明，它教我再奇怪的結構都可以變成救贖的宗教，可加以批判，但是也可以讚嘆地雙膝跪下。這個教條（不同於DNA）對我們不再有任何意義的時候，我個人更樂意這麼做——正因為沒有意義，才凸顯出生命嚴肅的一面禁止我們去做的：人間喜劇，一切大可一耳進，一耳出。

西元 2001 年 《法蘭克福匯報》（*FAZ*）不以文章，而是以基因字母堆成的沙漠歡呼「基因組合解碼」。發行人旬馬赫（Frank Schirrmacher）以此慶祝「生物科技時代」的開展，這種科技的捍衛者今日卻坦承：「我們的想法實在天真到令人困窘」（克萊格．凡特〔Craig Venter〕）。

Eine kleine Geschichte der großen Gedanken.
Wie die Philosophie unsere Welt erfand

街角遇見哲學

從 ABC 到 DNA，生活中 35 個改變現實的偉大思想

作者：馬丁・勃克哈特（Martin Burckhardt）
插畫：尤克・胡斯曼（Jörg Hülsmann）
譯者：麥德文
主編：曾淑正
封面設計：丘銳致
企劃：葉玫玉

發行人：王榮文
出版發行：遠流出版事業股份有限公司
地址：台北市南昌路二段 81 號 6 樓
電話：（02）23926899　傳真：（02）23926658
郵撥：0189456-1

著作權顧問：蕭雄淋律師
2020 年 8 月 1 日 初版一刷
售價：新台幣 320 元
缺頁或破損的書，請寄回更換
 Printed in Taiwan
ISBN 978-957-32-8827-5（平裝）

遠流博識網 http://www.ylib.com E-mail: ylib@ylib.com

國家圖書館出版品預行編目資料

街角遇見哲學：從 ABC 到 DNA，生活中 35 個改變現實的偉大思想 / 馬丁・勃克哈特（Martin Burckhardt）著；尤克・胡斯曼（Jörg Hülsmann）插畫；麥德文譯 . -- 初版 . -- 臺北市：遠流 , 2020.08
面；　公分 .
譯自：Eine kleine Geschichte der großen Gedanken. Wie die Philosophie unsere Welt erfand.
ISBN 978-957-32-8827-5（平裝）

1. 哲學　2. 通俗作品

100　　109009031